大方廣佛華嚴經

일러두기

1. 『대방광불화엄경 강설』원문原文의 저본底本은 근세에 교정이 가장 잘 되었다고 정평이 나 있는 대만臺灣의 불타교육기금회佛陀教育基金會에서 출판한 『화엄경소초華嚴經疏鈔』본입니다.

2. 『대방광불화엄경 강설』은 실차난타實叉難陀가 695년부터 699년까지 4년에 걸쳐 번역해 낸 80권본卷本 『대방광불화엄경』을 우리말로 옮기고 강설을 붙인 것입니다.

3. 『대방광불화엄경』은 애초 산스크리트에서 한역漢譯된 경전이지만 현재 산스크리트본은 소실된 상태입니다. 산스크리트를 음차한 경우 군이 원래 소리를 표기하려고 하기보다는 『표준국어대사전』이나 『불교사전』 등에 등재된 한자음을 사용하는 것을 원칙으로 하였습니다.

4. 경문의 한글 번역은 동국역경원본을 참고하여 그대로 또는 첨삭을 하며 의미대로 번역하고 다듬었습니다.

5. 각 품마다 내용에 따라 단락을 나누고 제목을 달았습니다. 단락의 제목은 주로 청량淸凉스님의 견해에 기초하였고 이통현李通玄장자의 견해를 참고로 하였습니다.

6. 『대방광불화엄경 강설』의 발행 순서는 한역 경전의 편제 순서를 기준으로 하였고 각 권은 단행본 한 권씩으로 출간될 예정이며 모두 80권으로 완간됩니다. 다만 80권본에 빠져 있는 「보현행원품」은 80권본 완역 및 강설 후 시리즈에 포함돼 추가될 예정입니다.

7. 『대방광불화엄경 강설』 안에서 불교용어를 풀이한 것은 운허스님이 저술하고 동국역경원에서 편찬한 『불교사전』을 인용하였습니다.

8. 각주의 청량스님의 소疏는 대만에서 입력한 大方廣佛華嚴經 사이트의 것을 사용하였습니다.

9. 『대방광불화엄경 강설』 입법계품에 들어가는 문수지남도는 북송北宋시대 불국佛國선사가 선재동자가 53명의 선지식을 친견하여 법을 구하는 장면을 하나하나 그림으로 그린 것입니다.

대방광불화엄경 강설
제 24 권

二十五. 십회향품十廻向品 2

실차난타實叉難陀 한역
무비스님 강설

서문

회향廻向.

이 얼마나 아름다운 말입니까. 화엄경은 이 한마디 말을 이해시키려고 열 권 반이나 되는 경을 설하였습니다. 불교는 오직 이 회향이라는 한마디가 전부입니다.

부처님의 가르침 중에서 "자신이 닦은 모든 선근 공덕을 회향한다."는 말보다 더 좋은 말이 어디 있겠습니까. 우리 화엄행자華嚴行者 모두는 일체를 널리 회향하시기를 바랍니다.

내가 모은 재산과 내가 가진 권세와 내가 쌓은 공덕과 내가 닦은 수행과 내가 배운 지식과 내가 얻은 깨달음을 일체 중생에게 회향합시다. 부처님이 이루신 보리菩提에 회향합시다. 진리인 실제實際에 회향합시다. 삼처三處에 회향하는 일이 모두모두 원만하여지기를 간절히 서원합시다. 그 서원대로 생활합시다.

세상은 온통 결핍으로 신음하고 있습니다. 배려하는 마음이 결핍되어 신음하고, 사랑하는 마음이 결핍되어 신음하고, 베푸는 마음이 결핍되어 신음합니다. 따뜻한 말 한마디로 회향합시다. 따뜻한 마음 한 자락으로 회향합시다. 따뜻한 몸짓 한 번으로 회향합시다.

회향이 살 길이며 회향이 불법佛法입니다. 순간순간 들이마신 공기를 내뿜듯이 그렇게 회향하며 삽시다. 먹은 음식물을 배설하듯이 그렇게 회향하며 삽시다. 재삼 단언하건대 회향만이 진정한 불법입니다. 회향만이 사람이 사람으로 살아가는 일입니다. 회향만이 참사람의 소리이며, 참마음의 소리이며, 참나의 소리입니다. 부디 회향하며 삽시다.

2015년 3월 15일
신라 화엄종찰 금정산 범어사
如天 無比

5

대방광불화엄경 목차

대방광불화엄경 강설 제24권

二十五. 십회향품十·廻向品 2

4. 금강당보살이 열 가지 회향을 설하다

대방광불화엄경 강설

대방광불화엄경 강설

제24권

二十五. 십회향품 2

4. 금강당보살이
열 가지 회향을 설하다

4) 제2 불괴회향不壞迴向

(1) 회향할 선근善根

불자 　운하위보살마하살 　불괴회향 　불자
佛子야 **云何爲菩薩摩訶薩**의 **不壞廻向**고 **佛子**야

차 보살마하살 　어거래금제여래소 　득불괴
此菩薩摩訶薩이 **於去來今諸如來所**에 **得不壞**

신 　실능승사일체불고
信이니 **悉能承事一切佛故**며

"불자들이여, 무엇을 보살마하살의 깨뜨릴 수 없는
회향이라 하는가. 불자들이여, 이 보살마하살이 과거 미
래 현재의 여러 부처님이 계신 데서 깨뜨릴 수 없는 신
심을 얻나니, 일체 부처님을 능히 받들어 섬기는 연고

이니라."

　금강당金剛幢보살이 시방에 있는 일체 금강당부처님의 가
피를 입고 이어서 십회향법문을 설하신 것이다. 십회향 중에
두 번째 무너지지 않는 불괴회향不壞廻向이다. 무엇이 무너지
지 않는가. 첫째, 보살들과 내지 불교를 바르고 깊이 있게
이해하는 모든 불자는 일체 사람과 일체 중생과 일체 생명
과 나아가서 일체 만유를 빠짐없이 본래로 무량공덕을 지닌
부처님으로 받들어 섬기고 공양 공경하며 존중 찬탄하기 때
문에 과거 미래 현재의 모든 여래에 대한 믿음이 견고하여 무
너지지 않는 것이다.

　　어 제 보 살　　내 지 초 발 일 념 지 심　　구 일 체 지
　　於諸菩薩의 乃至初發一念之心하야 求一切智에

득 불 괴 신　　서 수 일 체 보 살 선 근　　무 피 염 고
得不壞信이니 誓修一切菩薩善根하야 無疲厭故며

　"모든 보살들이 오랜 세월이나 내지 처음으로 한 생
각만이라도 마음을 내어 일체 지혜를 구하는 이에게 깨

뜨릴 수 없는 신심을 얻나니, 일체 보살의 선근을 서원하여 닦으면서 고달픈 줄을 모르는 연고이니라."

다음은 일체 보살의 선근을 서원하여 닦으면서 고달픈 줄을 모르는 보살은 오랜 세월 동안 일체 지혜를 구하거나 또는 처음으로 한 생각만이라도 마음을 내어 일체 지혜를 구하는 이에게 철저한 신심과 깨뜨릴 수 없는 신심을 낸다. 일체 지혜를 구하려는 마음은 이와 같이 크고 견고하다. 마치 다이아몬드를 삼키는 것과 같아서 그 다이아몬드가 아무리 오랜 세월 동안 흙 속으로 거름 속으로 굴러다녀도 변하지 않는 것과 같다. 일체 지혜에 대한 발심의 공덕은 이와 같다.

어 일체 불법   득 불 괴 신   발 심 지 락 고   어
於一切佛法에 得不壞信이니 發深志樂故며 於

일 체 불 교   득 불 괴 신   수 호 주 지 고
一切佛敎에 得不壞信이니 守護住持故며

"일체 부처님 법에 깨뜨릴 수 없는 신심을 얻나니, 깊

이 좋아하는 뜻을 내는 연고이니라. 일체 부처님의 가르침에 깨뜨릴 수 없는 신심을 얻나니, 수호하고 머물러 지니는 연고이니라."

일체 부처님 법에 깨뜨릴 수 없는 신심을 얻는 것은 부처님의 법을 만나서 깊고 깊은 뜻과 즐거움을 내기 때문이다. 불법을 만나 즐거운 마음을 내지 않는다면 어찌 불자라 하겠는가. 특히 이 화엄경과 같은 위대한 가르침을 만나고도 깊은 신심과 즐거움을 내지 않는다면 어찌 불교를 믿고 불교를 공부하는 사람이라 하리오. 맹세코 지키고 보호하여 세상에 오래오래 머물도록 해야 할 것이다. 불법과 불교를 함께 포함하여 강설하였다.

어 일 체 중 생   득 불 괴 신   자 안 등 관   선
於一切衆生에 得不壞信이니 慈眼等觀하야 善

근 회 향   보 이 익 고
根廻向하야 普利益故며

"일체 중생에게 깨뜨릴 수 없는 신심을 얻나니, 인자

한 눈으로 평등하게 관찰하고 선근善根으로 회향하여 널리 이익을 주는 연고이니라."

일체 중생에게 깨뜨릴 수 없는 신심을 얻는 것은 아무리 악한 중생이라 하더라도 그들이 본래로 부처님의 진실한 본성을 갖추고 있기 때문이다. 그래서 중생에게 부처님의 성품과 부처님의 모습만을 보고 깨뜨릴 수 없는 신심을 얻는다.

어 일 체 백 정 법　　득 불 괴 신　　보 집 무 변 제 선
於一切白淨法에 **得不壞信**이니 **普集無邊諸善**
근 고
根故며

"일체 희고 깨끗한 법[白淨法]에 깨뜨릴 수 없는 신심을 얻나니, 그지없는 모든 선근을 널리 모으는 연고이니라."

희고 깨끗한 법[白淨法]이란 부처님이 증득하신 법을 말한다. 부처님이 증득하신 법이란 그지없는 모든 선근을 널리

다 모은 법이다. 그와 같은 법을 알면 깨뜨릴 수 없는 신심을 얻게 된다.

어 일 체 보 살 회 향 도　　득 불 괴 신　　만 족 수 승
於一切菩薩廻向道에 **得不壞信**이니 **滿足殊勝**

제 욕 해 고
諸欲解故며

"일체 보살의 회향하는 도道에 깨뜨릴 수 없는 신심을 얻나니, 수승한 온갖 욕망과 이해를 만족하는 연고이니라."

보살의 수승한 온갖 욕망과 이해란 중생을 이익하게 하려는 원력이다. 그래서 일체 보살의 회향하는 도에 깨뜨릴 수 없는 신심을 얻는다.

어 일 체 보 살 법 사　　득 불 괴 신　　어 제 보 살
於一切菩薩法師에 **得不壞信**이니 **於諸菩薩**에

기 불 상 고
起佛想故머

"일체 보살인 법사法師에게 깨뜨릴 수 없는 신심을 얻나니, 모든 보살에게 부처님이란 생각을 일으키는 연고이니라."

보살인 법사란 대승불교에서는 출가 재가를 막론하고 불법에 깊은 깨달음이 있어서 법을 널리 전하는 역할을 하는 사람을 뜻한다. 훌륭한 법사라면 출가든 재가든 깨뜨릴 수 없는 신심을 얻게 된다. 훌륭한 법사는 곧 부처님이란 생각을 일으키게 되기 때문이다.

어 일 체 불 자 재 신 통　　득 불 괴 신　　심 신 제 불
於一切佛自在神通에 **得不壞信**이니 **深信諸佛**

난 사 의 고
難思議故머

"일체 부처님의 자재한 신통에 깨뜨릴 수 없는 신심을 얻나니, 모든 부처님의 불가사의한 일을 깊이 믿는

연고이니라."

일체 부처님의 자재한 신통에 깨뜨릴 수 없는 신심을
얻는 것은 모든 부처님의 불가사의한 일을 깊이 믿기 때문
이다.

　어　일체 보 살 선 교 방 편 행　　　득 불 괴 신　　　섭 취
於一切菩薩善巧方便行에 得不壞信이니 攝取

종 종 무 량 무 수 행 경 계 고
種種無量無數行境界故니라

"일체 보살의 공교한 방편행에 깨뜨릴 수 없는 신심
을 얻나니, 갖가지 무량무수하게 수행할 경계를 거두어
가지는 연고이니라."

일체 보살의 공교한 방편행에 깨뜨릴 수 없는 신심을 얻
는 것은 가지가지 무량무수하게 수행할 경계를 거두어 가지
기 때문이다. 불법에 대한 안목이 있는 사람은 불법의 무수
한 방편을 모두 거두어 수행으로 삼는다. 만약 안목과 신심

이 없는 사람이라면 설사 향상일구_{向上一句}라 하더라도 신심
이 일어나지 않는다.

佛子_야 菩薩摩訶薩_이 如是安住不壞信時_에 於
佛菩薩聲聞獨覺_과 若諸佛教_와 若諸衆生_의 如是
等種種境界中_에 種諸善根_을 無量無邊_{하니라}

"불자들이여, 보살마하살이 이와 같이 깨뜨릴 수 없
는 신심에 편안히 머무를 때에 부처님과 보살과 성문과
독각과 모든 부처님의 교법과 모든 중생들과 이와 같은
여러 가지 경계에 여러 가지 선근을 심는 것이 한량없
고 그지없느니라."

불법을 믿고 공부하는 사람은 부처님과 보살과 성문과
독각과 모든 부처님의 교법과 모든 중생과 이와 같은 여러
가지 경계에 깨뜨릴 수 없는 신심을 얻는다. 신심이 없는 사

람은 설사 부처님의 몸속에 있더라도 아무런 감동이 없다.

영보리심　　전갱중장　　자비광대　　평등
令菩提心으로 **轉更增長**하며 **慈悲廣大**하야 **平等**

관찰　　수순수학제불소작　　섭취일체청정
觀察하며 **隨順修學諸佛所作**하며 **攝取一切淸淨**

선근　　입진실의　　집복덕행　　행대혜시
善根하며 **入眞實義**하며 **集福德行**하며 **行大惠施**하며

수제공덕　　등관삼세
修諸功德하며 **等觀三世**하나니라

"보리심으로 하여금 점점 더욱 자라게 하며, 자비심
이 광대하여 평등하게 관찰하며, 부처님들의 지으시는
일을 따라 배우며, 일체 청정한 선근을 거두어 지니며,
진실한 이치에 들어가서 복덕의 행을 모으며, 큰 보시
를 행하고 모든 공덕을 닦으며, 삼세를 평등하게 관찰
하느니라."

회향은 어떤 선근 회향이든지 그 선근이 중생과 보리와
실제라는 세 곳에 회향된다. 깨뜨릴 수 없는 불괴不壞회향도

역시 세 곳에 회향된다.

깨뜨릴 수 없는 믿음을 얻은 사람은 보리심이 더욱 증장하며 자비심이 광대하다. 또한 부처님이 하신 일이라면 모두 따라 배운다. 그래서 일체 청정한 선근을 다 거두어들인다. 또한 진실한 이치에 들어가서 복덕의 행을 모으며, 큰 보시를 행하고 모든 공덕을 닦는다. 모든 불자들이 불교와 인연을 맺은 후로는 이와 같은 태산부동의 신심을 얻어 다시는 물러나지 않고 그 믿음이 더욱더 증장되었으면 하는 마음 간절하다.

(2) 회향하는 행

보살마하살　이여시등선근공덕　　회향일
菩薩摩訶薩이 以如是等善根功德으로 廻向一

체지　　원상견제불　　친근선우　　여제보살
切智하야 願常見諸佛하며 親近善友하며 與諸菩薩로

동공지주　　염일체지　　심무잠사　　수지불
同共止住하며 念一切智하야 心無暫捨하며 受持佛

교　　근가수호　　교화성숙일체중생　　심상
教하야 勤加守護하며 教化成熟一切衆生하며 心常

회향출세지도　　공양첨시일체법사　　해료제
廻向出世之道하며 **供養瞻侍一切法師**하며 **解了諸**

법　　억지불망　　수행대원　　실사만족
法하야 **憶持不忘**하며 **修行大願**하야 **悉使滿足**이니라

　　"보살마하살이 이와 같은 선근 공덕으로 일체 지혜에 회향하되, 부처님을 항상 뵈오며, 선지식을 친근하며, 보살들과 더불어 함께 머물며, 일체 지혜를 생각하여 잠깐도 마음에서 버리지 아니하며, 부처님의 교법을 받아 지니고 부지런히 수호하며, 일체 중생을 교화하고 성숙하며, 마음으로 항상 출세간의 길에 회향하며, 모든 법사法師를 공양하고 섬기며, 모든 법을 분명히 알아 기억하고 잊지 아니하며, 큰 원을 수행하여 다 만족하게 되기를 서원하느니라."

　　불자는 자신이 닦은 선근 공덕으로 일체 지혜에 회향하면서 항상 이와 같이 서원하여야 한다. 불법 수행을 하면서 가장 중요한 것은 평소에 서원을 가지는 것이며 그 서원을 증장시켜 가는 일이다. 서원은 꿈이며 희망이며 삶의 기대감이다. 인생을 살면서 이와 같은 희망과 꿈이 없다면 그것은

'혼이 흩어지지 않은 죽은 사람'이리라.

보살 여시적집선근 성취선근 증장
菩薩이 如是積集善根하며 成就善根하며 增長

선근 사유선근 계념선근 분별선근
善根하며 思惟善根하며 繫念善根하며 分別善根하며

애락선근 수습선근 안주선근
愛樂善根하며 修習善根하며 安住善根하나니라

"보살이 이와 같이 선근善根을 쌓아 모으며, 선근을 성
취하며, 선근을 증장하며, 선근을 생각하며, 선근에 마
음을 매어 두며, 선근을 분별하며, 선근을 좋아하며, 선
근을 닦아 익히며, 선근에 편안히 머무느니라."

선근이야말로 사람이 해야 할 일이다. 사람이 옷을 입고
식사를 하며 잠을 자는 것도 오로지 선근을 위해서 하는 일
이다. 만약 선근이 아니라면 굳이 의식주를 위해 힘쓸 것이
아니라는 것이 보살의 삶의 가치관이다. 그래서 보살이 이와
같이 선근을 쌓아 모으면 아승지의 일체 수승한 과보가 따

르게 된다.

(3) 선근의 과보와 보살행

보살마하살   여시적집제선근이   이차선
菩薩摩訶薩이 如是積集諸善根已에 以此善

근소득의과   수보살행   어염념중   견무량
根所得依果로 修菩薩行하야 於念念中에 見無量

불   여기소응승사공양   이아승지보   아
佛하고 如其所應承事供養호대 以阿僧祇寶와 阿

승지화   아승지만   아승지의   아승지개   아
僧祇華와 阿僧祇鬘과 阿僧祇衣와 阿僧祇蓋와 阿

승지당   아승지번   아승지장엄구
僧祇幢과 阿僧祇幡과 阿僧祇莊嚴具와

"보살마하살이 이와 같이 여러 가지 선근을 모으고
나서 이 선근으로 얻어 (회향에) 의지한 과보[依果]로써 보
살의 행을 닦아 잠깐잠깐마다 한량없는 부처님을 뵈옵
고 알맞은 바대로 잘 받들어 섬기고 공양하느니라. 아
승지 보배와 아승지 꽃과 아승지 화만華鬘과 아승지 의복
과 아승지 일산日傘과 아승지 당기와 아승지 깃발과 아

승지 장엄거리로 하느니라.”

　일체 생명 일체 중생을 부처님으로 받들어 섬기며 공양하고 공경하며 존중하고 찬탄하는 선근 공덕으로 다시 일체 생명과 일체 중생과 일체 불보살과 네 성현과 여섯 범부를 모두 부처님으로 보아 회향하는 내용이 매우 풍성하다. 선근 공덕을 다시 회향하는 보살행으로 순간순간마다 한량없는 부처님을 친견하고 받들어 공양하는 공양거리의 수를 모두 아승지阿僧祇로 표현하였다.

　아승지란 아승기라고도 발음하지만 익숙한 소리대로 아승지라고 한다. 여기에서부터 아승지가 많이 등장하는데, 새삼 설명하면 산스크리트 아상가(asanga)를 음역한 말로 수리적으로 10의 56승을 뜻한다. 항하강의 모래 수를 뜻하는 항하사恒河沙보다 더 많은 수를 이르는 말이다. 여러 경전에 나오지만 일상적으로 사용하는 수는 일, 십, 백, 천, 만, 억, 조 정도이고, 조의 만 배는 경京, 경의 만 배는 해垓, 해의 만 배는 자이다. 자 다음으로 각각 만 배씩 더하여 양穰, 구溝, 간澗, 정正, 재載, 극極, 항하사가 이어진다. 아승지는 항하사의 만 배이며, 아승지 다음으로는 나유타那由他, 불가사의不可思議, 무량대수無量大數가 이어진다. 화엄경에는 아승지품이 따로 있다. 이와 같은 수의 보배와 꽃과 화만華鬘과 의복과 일산日傘과 당기와 깃발과 장엄거리로 공양한다. 보살이 일체 생명과 일체 중생을 부처님으로 받들어 섬기며 공양하는 것이 이와 같다.

아 승 지 급 시 　아 승 지 도 식 지 　아 승 지 도 향
阿僧祇給侍와 阿僧祇塗飾地와 阿僧祇塗香과

아 승 지 말 향 　아 승 지 화 향 　아 승 지 소 향 　아 승
阿僧祇末香과 阿僧祇和香과 阿僧祇燒香과 阿僧

지 심 신 　아 승 지 애 락 　아 승 지 정 심 　아 승 지 존
祇深信과 阿僧祇愛樂과 阿僧祇淨心과 阿僧祇尊

중 　아 승 지 찬 탄 　아 승 지 예 경
重과 阿僧祇讚歎과 阿僧祇禮敬과

"아승지 시중과 아승지 장식한 땅과 아승지 바르는 향과 아승지 가루향과 아승지 혼합한 향과 아승지 사르는 향과 아승지 깊은 신심과 아승지 사랑과 아승지 깨

꿋한 마음과 아승지 존중과 아승지 찬탄과 아승지 예경
으로 하느니라."

보배와 꽃과 화만과 의복과 일산과 당기와 깃발과 장엄
거리뿐만 아니라 시중 드는 것과 깊은 믿음과 사랑과 청정
한 마음과 존중과 찬탄과 예경 등등 마음과 마음을 표현하
는 물질이 모두 공양거리이다. 진정으로 마음을 다한 존중
과 찬탄과 예경이야말로 값진 공양거리이다.

아 승 지 보 좌 　 아 승 지 화 좌 　 아 승 지 향 좌 　 아
阿僧祇寶座와 阿僧祇華座와 阿僧祇香座와 阿

승 지 만 좌 　 아 승 지 전 단 좌 　 아 승 지 의 좌 　 아
僧祇鬘座와 阿僧祇栴檀座와 阿僧祇衣座와 阿

승 지 금 강 좌 　 아 승 지 마 니 좌 　 아 승 지 보 증 좌
僧祇金剛座와 阿僧祇摩尼座와 阿僧祇寶繒座와

아 승 지 보 색 좌
阿僧祇寶色座와

"아승지 보배자리와 아승지 꽃자리와 아승지 향자리

와 아승지 화만자리와 아승지 전단栴檀자리와 아승지 옷

자리와 아승지 금강자리와 아승지 마니자리와 아승지

비단자리와 아승지 보배빛자리로 하느니라."

아 승 지 보 경 행 처　　아 승 지 화 경 행 처　　아 승 지

阿僧祇寶經行處와 阿僧祇華經行處와 阿僧祇

향 경 행 처　　아 승 지 만 경 행 처　　　아 승 지 의 경 행

香經行處와 阿僧祇鬘經行處와 阿僧祇衣經行

처　　아 승 지 보 간 착 경 행 처　　아 승 지 일 체 보 증

處와 阿僧祇寶間錯經行處와 阿僧祇一切寶繒

채 경 행 처　　아 승 지 일 체 보 다 라 수 경 행 처　　아

綵經行處와 阿僧祇一切寶多羅樹經行處와 阿

승 지 일 체 보 난 순 경 행 처　　아 승 지 일 체 보 령 망

僧祇一切寶欄楯經行處와 阿僧祇一切寶鈴網

미 부 경 행 처

彌覆經行處와

"아승지 보배로 된 경행經行하는 곳과 아승지 꽃으로

된 경행하는 곳과 아승지 향으로 된 경행하는 곳과 아

승지 화만으로 된 경행하는 곳과 아승지 옷으로 된 경

행하는 곳과 아승지 보배가 사이사이 섞인 경행하는 곳과 아승지 일체 보배채단綵緞으로 된 경행하는 곳과 아승지 일체 보배다라나무로 된 경행하는 곳과 아승지 보배로 난간 두른 경행하는 곳과 아승지 보배의 방울그물이 덮인 경행하는 곳으로 하느니라."

아 승 지 일 체 보 궁 전   아 승 지 일 체 화 궁 전
阿僧祇一切寶宮殿과 阿僧祇一切華宮殿과

아 승 지 일 체 향 궁 전   아 승 지 일 체 만 궁 전   아
阿僧祇一切香宮殿과 阿僧祇一切鬘宮殿과 阿

승 지 일 체 전 단 궁 전   아 승 지 일 체 견 고 묘 향 장
僧祇一切栴檀宮殿과 阿僧祇一切堅固妙香藏

궁 전   아 승 지 일 체 금 강 궁 전   아 승 지 일 체 마
宮殿과 阿僧祇一切金剛宮殿과 阿僧祇一切摩

니 궁 전   개 실 수 묘   출 과 제 천
尼宮殿이 皆悉殊妙하야 出過諸天과

"아승지 일체 보배궁전과 아승지 일체 꽃궁전과 아승지 일체 향궁전과 아승지 일체 화만華鬘궁전과 아승지 일체 전단栴檀궁전과 아승지 일체 견고묘향장堅固妙香藏궁전

과 아승지 일체 금강궁전과 아승지 일체 마니궁전이 모
두 특별하고 기묘하여 모든 하늘의 궁전보다 뛰어난 것
으로 하느니라."

아승지제잡보수　아승지종종향수　아승
阿僧祇諸雜寶樹와 阿僧祇種種香樹와 阿僧

지제보의수　아승지제음악수　아승지보장
祇諸寶衣樹와 阿僧祇諸音樂樹와 阿僧祇寶莊

엄구수　아승지묘음성수　아승지무염보수
嚴具樹와 阿僧祇妙音聲樹와 阿僧祇無厭寶樹와

아승지보증채수　아승지보당수　아승지일
阿僧祇寶繒綵樹와 阿僧祇寶璫樹와 阿僧祇一

체화향당번만개　소엄식수　여시등수　부
切華香幢幡鬘蓋로 所嚴飾樹인 如是等樹가 扶

소음영　　장엄궁전
疎蔭映하야 莊嚴宮殿하니라

"아승지 모든 보배나무와 아승지 갖가지 향나무와 아
승지 모든 보배옷나무와 아승지 모든 음악나무와 아승
지 보배장엄거리나무와 아승지 미묘한 음성 나무와 아

승지 싫음 없는 보배나무와 아승지 보배채단綵緞나무와 아승지 보배귀걸이나무와 아승지 일체 꽃, 향, 당기, 깃발, 화만, 일산으로 장엄한 나무인 이와 같은 나무들이 무성하고 그늘을 지어 궁전을 장엄한 것들이니라."

기제궁전에 부유아승지헌함장엄과 아승지
其諸宮殿에 復有阿僧祇軒檻莊嚴과 阿僧祇

창유장엄과 아승지문달장엄과 아승지누각장
牕牖莊嚴과 阿僧祇門闥莊嚴과 阿僧祇樓閣莊

엄과 아승지반월장엄과 아승지장장엄과 아승지
嚴과 阿僧祇半月莊嚴과 阿僧祇帳莊嚴과 阿僧祇

금망이 미부기상하고 아승지향이 주잡보훈하고 아
金網이 彌覆其上하고 阿僧祇香이 周帀普熏하고 阿

승지의가 부포기지하니라
僧祇衣가 敷布其地하니라

"그 여러 궁전에는 아승지 난간장엄과 아승지 창호장엄과 아승지 문장엄과 아승지 누각장엄과 아승지 반달[半月]장엄과 아승지 휘장장엄이며, 아승지 금그물로 그 위에 덮었고, 아승지 향기가 두루 풍기며, 아승지 옷이 땅에 널렸느니라."

청량스님은 소疏에서 이와 같이 밝혔다. "공양하는 일을
널리 나열하는데 67구절이 있다. 여섯으로 나누면 처음 20
구절은 여러 가지가 뒤섞인[雜] 것으로 안과 밖의 공양을 밝
혔다. 아래는 모두 순수한[純] 공양거리들이다. 즉 자리와 경
행하는 곳과 궁전과 나무 장엄과 장엄한 궁전이다. 또한 순
수함과 뒤섞임이 걸림이 없음이니 알 수 있을 것이다."[1]

아승지는 항하강의 모래 수보다 일만 배나 많은 수이다.
수리적으로는 10의 56승이다. 이러한 아승지가 67종류가
있어서 일체 중생 일체 생명을 부처님으로 받들어 섬기며 공
양하고 공경하는 내용이다. 얼마나 풍성하며 넘쳐나는 공
양인가. 벌어진 입을 다물 수 없는 양이다.

(4) 공경 공양과 중생

불 자   보 살 마 하 살   이 여 시 등 제 공 양 구   어
佛子야 菩薩摩訶薩이 以如是等諸供養具로 於

---

1) 廣列供事有六十七句 爲六 : 初二十句雜門, 明內外之供. 下皆純門. 二, 座.
三, 經行處. 四, 宮殿. 五, 樹嚴. 六, 嚴宮殿. 亦純雜無礙. 可知.

무 량 무 수 불 가 설 불 가 설 겁   정 심 존 중   공 경
無量無數不可說不可說劫에 淨心尊重하야 恭敬

공 양 일 체 제 불   항 불 퇴 전   무 유 휴 식   일
供養一切諸佛호대 恒不退轉하야 無有休息하며 一

일 여 래 멸 도 지 후   소 유 사 리   실 역 여 시 공 경
一如來滅度之後에 所有舍利도 悉亦如是恭敬

공 양
供養하나니라

"불자들이여, 보살마하살이 이와 같은 공양거리로 한
량없고 수없고 말할 수 없이 말할 수 없는 겁 동안에 깨
끗한 마음으로 일체 모든 부처님께 존중하고 공경하고
공양하되 항상 퇴전하지 아니하고 쉬지도 아니하며, 한
분 한 분의 여래께서 열반하신 뒤에는 사리를 모시고
또한 이와 같이 공경하고 공양하느니라."

앞에서 밝힌 67종류의 아승지 공양거리로 공양하기를 무
량하고 무수하고 말할 수 없이 말할 수 없는 겁 동안 하되
일체 중생과 일체 생명을 부처님으로 공양하고 공경하며 존
중하여 물러나지 아니하며 쉬지 않는다. 다시 또 그 모든 부

처님이 열반하신 후에 사리와 그들의 살아온 업적과 공덕에
공양하고 공경하기를 그와 같이 한다.

위 령 일 체 중 생　　생 정 신 고　　일 체 중 생
爲令一切衆生으로 生淨信故며 一切衆生으로

섭 선 근 고　　일 체 중 생　　이 제 고 고　　일 체 중 생
攝善根故며 一切衆生으로 離諸苦故며 一切衆生

　　광 대 해 고　　일 체 중 생　　이 대 장 엄 이 장 엄
으로 廣大解故며 一切衆生으로 以大莊嚴而莊嚴

고　　무 량 장 엄　　이 장 엄 고
故며 無量莊嚴으로 而莊嚴故며

"(그래서) 일체 중생으로 하여금 깨끗한 신심을 내게 하
려는 연고며, 일체 중생으로 하여금 선근을 거둬들이게
하려는 연고며, 일체 중생으로 하여금 고통을 여의게
하려는 연고며, 일체 중생으로 하여금 광대하게 알게
하려는 연고며, 일체 중생으로 하여금 큰 장엄으로써
장엄하게 하려는 연고며, 한량없는 장엄으로써 장엄하
게 하려는 연고이니라."

앞에서 밝힌 바와 같이 그 많은 공양과 공경은 무엇을 하자는 것인가. 그것은 모두 일체 중생을 위하는 일이다. 일체 중생들로 하여금 깨끗한 신심을 내게 하고, 선근을 거둬들이게 하고, 고통을 여의게 하고, 광대하게 알게 하고, 큰 장엄으로써 장엄하게 하고, 한량없는 장엄으로써 장엄하게 하려고 그와 같이 공양 공경하고 존중 찬탄하는 것이다.

제유소작　득구경고　지제불흥　난가치고
諸有所作이 得究竟故며 知諸佛興이 難可値故며

만족여래무량력고　장엄공양불탑묘고　주
滿足如來無量力故며 莊嚴供養佛塔廟故며 住

지일체제불법고　여시공양현재제불　급멸
持一切諸佛法故로 如是供養現在諸佛과 及滅

도후소유사리　기제공양　어아승지겁　설
度後所有舍利하야 其諸供養이 於阿僧祇劫에 說

불가진
不可盡이니라

"모든 짓는 일이 끝까지 이르게 하려는 연고며, 모든 부처님의 출현하심을 만나기 어려운 줄을 알게 하려는 연고며, 여래의 한량없는 힘을 만족하게 하려는 연고며, 부처님의 탑을 장엄하고 공양하려는 연고며, 일체 모든 부처님의 법에 머물러 지니게 하려는 연고이니라. 이와 같이 현재 여러 부처님과 부처님이 열반하신 뒤에 사리舍利에 공양하나니, 그 모든 공양하는 일은 아승지겁 동안에 말하여도 다할 수 없느니라."

그뿐만 아니라 모든 하는 일을 다 원만히 성취하기 위함이며, 부처님의 출현하심을 만나기 어려운 줄을 알게 하려는 것이며, 여래의 한량없는 힘을 만족하게 하려는 것이며, 부처님의 탑묘塔廟를 장엄하고 공양하려는 것이다. 이 구절은 세존이 열반에 든 뒤 5, 6백년경에 화엄경이 결집 편찬된 경전임을 증명하는 말이기도 하다. 이러한 등의 목적으로 부처님을 그토록 공양 공경 존중 찬탄하는 것이다.

(5) 공덕 수행과 중생

여 시 수 습 무 량 공 덕   개 위 성 숙 일 체 중 생
如是修習無量功德이 **皆爲成熟一切衆生**하야

무유퇴전　　무유휴식　　무유피염　　무유집
無有退轉하며 無有休息하며 無有疲厭하며 無有執

착　　　이제심상　　무유의지　　영절소의
着하야 離諸心想하며 無有依止하야 永絶所依하며

　"이와 같이 한량없는 공덕을 닦는 것은 모두 일체 중
생을 성숙시키기 위한 것이니 퇴전하지 않고, 쉬는 일
도 없고, 고달픈 마음도 없으며, 집착함이 없어서 모든
생각을 여의었으며, 의지함이 없어 의지할 바를 영원히
끊느니라."

　이와 같이 한량없는 공덕을 닦는 것은 모두 일체 중생을
성숙시키기 위한 것이다. 어떻게 성숙시키는가. 퇴전도 없고
휴식도 없으며, 고달픈 마음도 없으며, 집착도 없어서 모든
생각을 떠나며, 영원히 의지하는 바를 끊는 것이다.

　　　원 리 어 아　　급 이 아 소　　여 실 법 인　　인 제
　　　遠離於我와 及以我所하고 如實法印으로 印諸

업 문　　　득 법 무 생　　주 불 소 주　　관 무 생 성
業門하며 得法無生하야 住佛所住하며 觀無生性하야

인 제 경 계
印諸境界니라

"나와 내 것을 멀리 여의고 실제와 같은 법의 도장으로 모든 업의 문을 도장 찍으며, 법이 생멸이 없음을 얻어 부처님이 머무시는 데 머물며, 생멸이 없는 성품을 관찰하여 모든 경계를 도장 찍었느니라."

실제이지實際理地에는 나와 나의 것이 없다. "실제와 같은 법의 도장으로 모든 업의 문을 도장 찍는다."는 것은 일체 업장을 그대로 진리로 변화시킨다는 뜻이다. 업이 그대로가 진리이기 때문이다. 또 "생멸이 없는 성품을 관찰하여 모든 경계를 도장 찍는다."는 것은 일체 존재 일체 경계가 본래로 불생불멸이라는 존재의 실상을 드러내는 것이다. 이와 같이 중생을 성숙시키는 것이다.

(6) 회향의 상相

제 불 호 념   발 심 회 향   여 제 법 성   상
諸佛護念으로 **發心廻向**하나니 **與諸法性**으로 **相**

응 회 향　입 무 작 법　　성 취 소 작 방 편 회 향　사
應廻向과 入無作法하야 成就所作方便廻向과 捨

리 일 체 제 사 상 착 방 편 회 향　주 어 무 량 선 교 회
離一切諸事想着方便廻向과 住於無量善巧廻

향　영 출 일 체 제 유 회 향　수 행 제 행　부 주 어
向과 永出一切諸有廻向과 修行諸行호대 不住於

상 선 교 회 향
相善巧廻向과

　"여러 부처님의 호념護念으로 마음을 내어 회향하나
니, 법의 성품과 서로 응하는 회향과, 지음이 없는 법에
들어가 짓는 일을 성취하는 방편 회향과, 모든 일에 집
착하는 생각을 여의게 하는 방편 회향과, 한량없이 공
교한 데 머무는 회향과, 모든 유有에서 영원히 벗어나는
회향과, 모든 행을 수행하되 상에 머물지 않는 선교 회
향이니라."

　청량스님은 소疏에서, "회향의 상을 밝히는 데 겸하여 보
리에 회향함을 나타내었다. 그 가운데 열한 구절이 있는데
앞의 여섯 구절은 상을 떠난 회향이고, 뒤의 다섯 구절은 상

을 따르는 회향이다."[2] 라고 하였다.

앞의 여섯 구절이다. 모든 선근을 회향하되 진리에 상응하여야 한다. 이것이 보리에 회향함이다. 또 선근을 닦아 회향하되 지음이 없는 이치에 입각해서 짓는 방편을 성취해야 한다. 지음이 없는 이치란 무공용無功用의 이치이다. 회향을 하되 흔적이 없는 회향이라고도 할 수 있다. 이러한 것 등이 상을 떠난 회향이다.

보 섭 일 체 선 근 회 향　　보 정 일 체 보 살 제 행 광
普攝一切善根廻向과 **普淨一切菩薩諸行廣**

대 회 향　　발 무 상 보 리 심 회 향　　여 일 체 선 근 동
大廻向과 **發無上菩提心廻向**과 **與一切善根同**

주 회 향　　만 족 최 상 신 해 심 회 향
住廻向과 **滿足最上信解心廻向**이니라

"일체 선근을 널리 거두는 회향과, 일체 보살의 모든 행을 깨끗이 하는 광대한 회향과, 위없는 보리심을

---

2) 迴向之相. 兼顯迴向菩提. 於中有十一句：前六離相. 後五隨相.

내는 회향과, 일체 선근과 함께 있는 회향과, 최상의 믿
고 이해하는 마음을 만족하는 회향이니라."

상을 따르는 뒤의 다섯 구절이다. 즉 회향하되 회향의 흔
적이 남는 회향이라는 뜻이다. 선근을 회향함으로 일체 선
근을 다 거두어들인다든지, 보살의 모든 행을 깨끗이 한다
든지, 위없는 보리심을 낸다든지 하는 것 등이다.

(7) 상을 따르는 회향의 행이 이루어지다

불 자   보살마하살   이제선근   여시회향
佛子야 菩薩摩訶薩이 以諸善根으로 如是廻向

시   수수생사   이불개변   구일체지   미증
時에 雖隨生死나 而不改變하며 求一切智호대 未曾

퇴전   재어제유   심무동란   실능도탈일
退轉하며 在於諸有호대 心無動亂하며 悉能度脫一

체중생   불염유위법   불실무애지
切衆生하며 不染有爲法하며 不失無礙智하며

"불자들이여, 보살마하살이 모든 선근으로 이와 같이

회향할 때에 비록 생사生死를 따르지만 바꾸지 않으며, 일체 지혜를 구하여 퇴전하지 않으며, 모든 유有에 있으면서도 마음이 흔들리지 않으며, 일체 중생을 모두 제도하여 해탈케 하며, 함이 있는 법에 물들지 아니하며, 걸림 없는 지혜를 잃지 아니하느니라."

보살이 선근으로 회향할 때 비록 생사를 따르지만 바꾸지 않는다는 것은 보살도 평범한 중생들의 삶의 형태에서 특별히 다른 모습을 보이는 것이 아니라는 뜻이다. 똑같은 인간의 모습으로 생로병사하면서 선근을 회향하는 보살도를 실천하는 것이다. 이것이 상을 따르는 회향의 모습이다. 지혜를 구하면서 퇴전하지 아니하며, 일체 존재의 현실 속에 있으면서 마음이 흔들리지 않는다. 또 중생을 제도하려고 중생과 더불어 살다 보면 인간사에 물이 들기 마련인데 보살은 결코 물들지 않는다. 그래서 걸림이 없는 지혜를 잃어버리지 않는다.

보살행위　　인연무진　　세간제법　　무능변
菩薩行位에 因緣無盡하며 世間諸法이 無能變
동　　구족청정제바라밀　　실능성취일체지력
動하며 具足淸淨諸波羅蜜하며 悉能成就一切智力
　　보살　　여시이제치암　　성보리심　　개시
하나니 菩薩이 如是離諸癡暗하야 成菩提心하며 開示
광명　　증장정법　　회향승도　　구족중행
光明하야 增長淨法하며 廻向勝道하야 具足衆行하니라

"보살의 수행하는 지위의 인연이 다함이 없으며, 세
간의 모든 법으로 변동하지 못하며, 청정한 모든 바라
밀다를 구족하며, 일체 지혜의 힘을 다 능히 성취하느
니라. 보살이 이와 같이 모든 어리석음의 어둠을 여의
고 보리심을 이루며, 광명을 열어 보이고 청정한 법을
증장하며, 수승한 도道로 회향하여 여러 가지 행을 구족
하느니라."

보살의 수행하는 지위란 끝이 없다. 비록 수행계위를 52
위로 설정해 두었으나 그것도 역시 임시방편이다. 미래제가
다하더라도 보살의 수행지위는 다함이 없다. 회향하는 보

살은 세간의 모든 법이 그를 움직이지 못한다. 또 회향하는
보살은 청정한 모든 바라밀을 다 구족하였다. 또 일체 지혜
의 힘을 모두 성취하였다. 이러한 등의 상을 따르는 회향의
행이 이루어진 것이다.

(8) 상을 떠난 회향의 행이 이루어지다

이 청 정 의　　선 능 분 별　　　요 일 체 법　　실 수 심
以清淨意로 **善能分別**하야 **了一切法**이 **悉隨心**

현　　　지 업 여 환　　　업 보 여 상　　　제 행 여 화　　　인
現하며 **知業如幻**하며 **業報如像**하며 **諸行如化**하며 **因**

연 생 법　　실 개 여 향　　　보 살 제 행　　일 체 여 영
緣生法이 **悉皆如響**하며 **菩薩諸行**이 **一切如影**하며

"텅 빈 마음으로 잘 분별하여 일체 법이 다 마음을 따
라 나타나는 줄을 알며, 업業은 환영과 같고, 업의 과보
는 영상과 같고, 모든 행은 환화와 같고, 인연으로 생기
는 법은 모두 메아리와 같고, 보살의 모든 행은 일체가
그림자와 같음을 아느니라."

십회향보살이 일체 현상과 일체 존재를 어떤 관념을 개입
하지 않은 채 텅 빈 마음으로 분별하면 모두가 마음을 따라
나타난 것인 줄을 안다. 이것이 일체가 오직 마음으로 만들
어졌다는 유심무경唯心無境이라는 화엄의 한 사상이다. 그렇
다면 업과 업의 과보와 모든 행위가 다 환幻이며 환영이다. 인
연으로 생멸하는 법이나 보살의 모든 행도 일체가 메아리요
그림자임을 안다. 상을 떠난 회향이 이와 같다.

출 생 무 착 청 정 법 안   견 어 무 작 광 대 경 계
出生無着淸淨法眼하며 見於無作廣大境界하며

증 적 멸 성   요 법 무 이   득 법 실 상   구 보 살
證寂滅性하야 了法無二하야 得法實相하며 具菩薩

행   어 일 체 상   개 무 소 착   선 능 수 행   동
行하야 於一切相에 皆無所着하고 善能修行하야 同

사 제 업   어 백 정 법   항 무 폐 사   이 일 체 착
事諸業하며 於白淨法에 恒無廢捨하야 離一切着하야

주 무 착 행
住無着行이니라

"집착이 없는 청정한 법의 눈[法眼]을 출생하여 지음이 없는 광대한 경계를 보며, 적멸한 성품을 증득하여 법에 두 가지가 없음을 알아 법의 실상實相을 얻었으며, 보살의 행을 갖추고 일체 형상에 집착함이 없으며, 잘 능히 수행해서 모든 업을 함께 일하며, 희고 깨끗한 법을 항상 폐하지 않으며, 모든 집착을 여의고 집착이 없는 행에 머무느니라."

청정한 법의 눈으로 광대한 경계를 보며, 법성이 적멸하며 법성이 원융하며 법성이 둘이 아님을 아는 것이 또한 상을 떠난 회향이다. 또 법의 실상을 얻어 보살행을 갖추고 일체 현상에 집착이 없는 경지에서 모든 업을 함께 짓는다. 이것이 희고 깨끗한 법[白淨法]을 항상 지니는 일이다. 일체 집착을 떠난 무착행無着行을 한껏 행하는 삶이 곧 견고하여 깨뜨릴 수 없는 보살의 삶이다.

(9) 이理와 사事가 걸림이 없다

菩薩이 如是善巧思惟하야 無有迷惑하야 不違

諸法하고 不壞業因하며 明見眞實하야 善巧廻向하며

知法自性하야 以方便力으로 成就業報하야 到於彼

岸하며 智慧觀察一切諸法하야 獲神通智하며 諸業

善根을 無作而行하야 隨心自在하나니라

"보살이 이와 같이 잘 생각하여 미혹이 없어졌으므로 모든 법을 어기지 아니하고 업의 인因을 깨뜨리지 아니하며, 진실한 것을 분명히 보아 공교하게 회향하느니라. 법의 성품을 알고 방편의 힘으로 업의 과보를 성취하여 저 언덕에 이르며, 지혜로 일체 모든 법을 관찰하여 신통의 지혜를 얻고 모든 업의 선근을 짓는 일이 없이 행하되 마음대로 자재하느니라."

이理와 사事에 미혹하지 않고 회향하므로 "모든 법을 어

기지 않고 업業의 원인을 깨뜨리지 않으며 진실을 밝게 보아 잘 회향한다."고 하였다. 또한 "법의 성품을 알고 방편의 힘으로 업業의 과보를 성취하는 것"도 이와 사가 걸림이 없는 회향의 표현이다. 여기에서 법성이 '이理'라면 업은 '사事'다. 그래서 중생은 사사건건 이와 사가 걸리지만 보살은 서로 걸림이 없기 때문에 서로 걸림이 없는 회향을 밝힌 것이다.

(10) 회향하는 일

보살마하살　이제선근　　여시회향　위욕
菩薩摩訶薩이 以諸善根으로 如是廻向은 爲欲

도탈일체중생　부단불종　영리마업　견
度脫一切衆生하야 不斷佛種하고 永離魔業하며 見

일체지　무유변제　신락불사　이세경계
一切智가 無有邊際하야 信樂不捨하며 離世境界하야

단제잡염
斷諸雜染하고

　"보살마하살이 모든 선근으로 이와 같이 회향하는 것

은 일체 중생을 제도하고자 하여 부처님의 종성을 끊지
않고, 마군의 업을 영원히 여의며, 일체 지혜의 끝 간
데가 없음을 보고 믿고 좋아하여 버리지 아니하며, 세
간의 경계를 떠나서 여러 가지 물드는 일을 끊느니라."

　　보살이 모든 선근으로 이와 같이 회향하는 것은 일체 중
생을 제도하고자 함이다. 회향을 통해서 일체 중생을 제도
하게 되면 부처님의 종성이 끊어지지 아니하여 불법은 영원
히 지속될 것이다. 즉 불교가 세상에 영원히 그리고 널리 전
파되어 세상 모든 사람들에게 불법의 가치대로 삶을 영위하
게 하려면 진정한 회향이 활발하게 펼쳐져야 한다. 그러므
로 회향보다 더 수승한 일은 없다. 또한 회향은 삿된 견해
와 해악과 마군의 일과 탐욕과 원한으로 전쟁을 일으켜서
사람과 일체 생명을 해치는 일을 사라지게 할 것이다.

역 원 중 생　　득 청 정 지　　　입 심 방 편　　출 생
亦願衆生이　得淸淨智하며　入深方便하야　出生

사법　　획불선근　　영단일체제마사업　　이
死法하며 獲佛善根하야 永斷一切諸魔事業하며 以

평등인　　보인제업　　발심취입일체종지
平等印으로 普印諸業하며 發心趣入一切種智하며

성취일체출세간법
成就一切出世間法이니라

　"또 중생들이 청정한 지혜를 얻고 깊은 방편에 들어
가며, 생사의 법에서 벗어나와 부처님의 선근을 얻고
일체 마군의 일을 영원히 끊으며, 평등한 인印으로 모든
업을 널리 도장 찍으며, 마음을 내어 일체 종지에 들어
가서 일체 출세간법을 성취하기를 서원한 것이니라."

　보살이 선근으로 회향하여 바라는 바는 역시 중생들이
청정한 지혜를 얻어 깊은 방편에 들어가서 생사의 법에서 벗
어나기를 원하는 것이다. 또 부처님의 선근을 얻고 일체 마
군의 일을 영원히 끊기를 바라는 것이다. 또한 일체 업이 텅
비어 평등해지기를 바라는 것이다. 또한 발심하여 일체 종지
에 들어가 일체 출세간법을 다 성취하기를 바라는 것이다.

(11) 제2 회향의 위과位果를 밝히다

　　　불자　　시위보살마하살　　제이불괴회향
　　　佛子야 是爲菩薩摩訶薩의 第二不壞廻向이니라

보살마하살　　주차회향시　　득견일체무수제
菩薩摩訶薩이 住此廻向時에 得見一切無數諸

불　　　성취무량청정묘법　　　보어중생　　　득평
佛하고 成就無量清淨妙法하야 普於衆生에 得平

등심　　　어일체법　　무유의혹　　　일체제불신
等心하고 於一切法에 無有疑惑하며 一切諸佛神

력소가　　　항복중마　　　영리기업
力所加로 降伏衆魔하야 永離其業하며

　　"불자들이여, 이것이 보살마하살의 제2 깨뜨릴 수 없
는 회향이니라. 보살마하살이 이 회향에 머무는 때에는
일체 무수한 모든 부처님을 뵈옵고 한량없이 청정하고
묘한 법을 성취하여 널리 중생들에게 평등한 마음을 얻
고, 일체 법에 의혹이 없어지고, 모든 부처님의 신력으
로 가피를 입어 모든 마군을 항복받아 그의 업을 아주
여의느니라."

　　제2 깨뜨릴 수 없는 회향의 위과位果를 밝히는 내용이다.

보살이 이 제2 회향에 머물 때에 무수한 부처님을 뵈옵고, 한량없이 청정하고 묘한 법을 성취하여 널리 중생들에게 평등한 마음을 얻고, 일체 법에 의혹이 없어지고, 모든 부처님의 신력으로 가피를 입어 모든 마군을 항복받는 것이다.

성취생귀
成就生貴하야
만보리심
滿菩提心하며
득무애지
得無礙智호대
불유
不由

타해
他解하며
선능개천일체법의
善能開闡一切法義하며
능수상력
能隨想力하야
입
入

일체찰
一切刹하야
보조중생
普照衆生하야
실사청정
悉使淸淨하나니
보살마
菩薩摩

하살
訶薩이
이차불괴회향지력
以此不壞廻向之力으로
섭제선근
攝諸善根하야
여
如

시회향
是廻向이니라

"귀한 문중에 태어나는 일을 성취하여 보리심을 만족하며, 걸림 없는 지혜를 얻되 다른 이의 이해를 말미암지 않으며, 일체 법과 뜻을 잘 열어 보이며, 능히 생각을 따라 일체 세계에 들어가며, 중생들을 널리 비추어 모두 청정케 하느니라. 보살마하살이 이 깨뜨릴 수 없는 회향의 힘으로 모든 선근을 거두어서 이와 같이 회향하느니라."

또 제2 불괴회향不壞廻向의 결과로는 부처님의 문중에 태어나서 영원히 변함없는 불자가 되는 것이다. 또 모든 불법의 일을 성취하여 보리심을 만족하며, 스스로 걸림 없는 지혜를 얻는 것이다. 이것이 제2 불괴회향의 결과이다.

(12) 금강당보살의 게송

이 시　금 강 당 보 살　승 불 신 력　관 찰 시 방
爾時에 金剛幢菩薩이 承佛神力하사 觀察十方

즉 설 송 언
하고 即說頌言하사대

이때에 금강당보살이 부처님의 신력을 받들어 시방을 관찰하고 게송으로 말하였습니다.

1〉 회향하는 공덕

보 살 이 득 불 괴 의　　　　수 행 일 체 제 선 업
菩薩已得不壞意하야　　修行一切諸善業일새

시 고 능 령 불 환 희　　　　지 자 이 차 이 회 향
是故能令佛歡喜니　　智者以此而廻向이로다

보살이 이미 깨뜨릴 수 없는 뜻을 얻고

일체의 선한 업을 닦아 행하여

부처님들로 하여금 환희케 하였으니

지혜 있는 이들이 이로써 회향하도다.

　　제2 불괴회향을 다시 25개의 게송으로 설하였다. 첫 두
게송은 회향할 바의 선근과 깨뜨릴 수 없는 뜻을 밝혔다. 보
살이 회향을 위해서 선근을 닦으면 부처님이 환희한다고 하
였다. 그래서 지혜로운 이들은 이러한 일로 인생을 회향하며
사는 것이다. 결국 자비로운 행은 지혜에서 출발하고 진정
한 지혜에는 자비가 따르게 마련이다.

공 양 무 량 무 변 불
供養無量無邊佛하야

보 시 지 계 복 제 근
布施持戒伏諸根하고

위 욕 이 익 제 중 생
爲欲利益諸衆生하야

보 사 일 체 개 청 정
普使一切皆淸淨이로다

한량없는 부처님께 공양하오며

보시와 지계로 모든 근根을 조복받아

수없는 중생들을 이익하게 하여

모두 다 청정하게 하려 하느니라.

선근을 닦아 회향한다는 그 선근이란 무엇인가. 한량없고 가없는 생명 부처님과 사람 부처님과 일체 만물 부처님을 공양 공경하고 존중 찬탄하는 일이다. 또 보시와 지계와 인욕 등 모든 덕행을 다 닦아서 자신의 육근을 조복하여 잘 다듬어진 인품으로 모두를 감동시키는 일이다. 이것이 선근으로 회향하는 공덕이다.

2) 회향하는 일

일 체 상 묘 제 향 화
一切上妙諸香華와

무 량 차 별 승 의 복
無量差別勝衣服과

보 개 급 이 장 엄 구　　　　공 양 일 체 제 여 래
寶蓋及以莊嚴具로　　　**供養一切諸如來**로다

가장 묘한 여러 가지 향과 꽃들과
한량없는 가지가지 수승한 의복들이며
보배로 된 일산과 장엄거리로
일체 모든 부처님께 공양하도다.

　선근을 닦는 보시에는 무수한 종류가 있다. 아름답고
향기로운 꽃과 향과 온갖 종류의 옷과 보배 일산과 가지가
지 장엄구로 일체 모든 생명 여래와 사람 여래에게 공양 올
린다.

여 시 공 양 어 제 불　　　무 량 무 수 난 사 겁
如是供養於諸佛을　　**無量無數難思劫**호대

공 경 존 중 상 환 희　　　미 증 일 념 생 피 염
恭敬尊重常歡喜하야　　**未曾一念生疲厭**이로다

이와 같이 부처님께 공양하기를
한량없고 수없는 오랜 겁으로

공경하고 존중하고 항상 환희케 하여

잠깐도 싫은 생각 내지 않도다.

이와 같은 온갖 공양거리로써 일체 모든 부처님께 한량

없고 셀 수 없는 불가사의한 겁 동안 공양 올린다. 또 더하

여 공경하고 존중하고 찬탄하여 환희케 한다. 아무리 오랫

동안 이와 같이 하더라도 한순간도 피로해하거나 싫어하지

않는다.

전 심 상 넘 어 제 불　　　　일 체 세 간 대 명 등
專心想念於諸佛　　　　**一切世間大明燈**하니

시 방 소 유 제 여 래　　　　미 불 현 전 여 목 도
十方所有諸如來가　　　　**靡不現前如目覩**로다

오로지 일체 세간의 큰 등불이신

부처님만을 생각하오니

시방세계에 계시는 모든 여래가

눈앞에 나타나서 뵌 것과 같도다.

부처님은 일체 세간을 밝게 비추는 큰 등불이시다. 모든 진리의 가르침인 금강경이나 법화경이나 화엄경은 실로 어두운 세상을 환하게 밝히는 태양이다. 이와 같은 모든 부처님을 자나 깨나 오로지 생각하고 또 생각하여 잊지 않으니 눈앞에 나타난 듯하여 환하게 보게 된다. 마치 정으로 살아가는 사람들이 사랑하고 애착하는 사람을 생각하듯 한다.

불 가 사 의 무 량 겁
不可思議無量劫에

종 종 보 시 심 무 염
種種布施心無厭하며

백 천 만 억 중 겁 중
百千萬億衆劫中에

수 제 선 법 실 여 시
修諸善法悉如是로다

헤아릴 수 없이 한량없는 겁에
여러 가지를 보시하되 싫어할 줄 모르고
백천만억 그 많은 겁 동안에
여러 가지 선한 법을 닦는 일도 이와 같도다.

보살로서 베풀고 나누는 일은 아무리 오래 하고 많이 하더라도 결코 싫어함이 없다. 왜냐하면 베풀고 나누는 일이 보살의 업이기 때문이다. 보살로서 베풀고 나누려면 선한 법을 많이 닦고, 진리의 가르침을 많이 공부하고, 높은 수행을 많이 쌓아야 한다. 그래야 베풀고 나누는 일을 하되 부처님의 마음에 드는 보시를 할 수 있기 때문이다.

피 제 여 래 멸 도 이   공 양 사 리 무 염 족
彼諸如來滅度已에   **供養舍利無厭足**하야

실 이 종 종 묘 장 엄   건 립 난 사 중 탑 묘
悉以種種妙莊嚴으로   **建立難思衆塔廟**로다

저 모든 여래께서 열반하신 뒤
사리에 공양하고 싫은 줄 몰라
가지각색 미묘한 장엄거리로
부사의한 온갖 탑묘塔廟를 건립하도다.

미얀마의 파간이라는 곳에는 넓은 들판에 그 수를 알 수 없는 많고 많은 탑이 있다. 큰 탑, 작은 탑, 화려한 탑, 단순한 탑, 흙탑, 돌탑, 허물어진 탑, 지금 막 건립하고 보수하는 탑 등등 헤아릴 수 없이 많다. 실로 불가사의하다고 할 만

하다. 부처님이 열반하신 뒤 아무리 많은 탑을 건립하여 공양해도 싫어할 줄 모르고 만족할 줄 모르는 지극한 신심의 표현이다. 어디 그뿐이랴. 불교를 믿는 나라에서는 불상을 대신하여 신앙의 대상으로 탑묘를 세운다. 이와 같은 경문의 구절은 불탑신앙이 한창 성행할 때 결집된 것임을 증명한다.

조 립 무 등 최 승 형　　보 장 정 금 위 장 엄
造立無等最勝形하야　寶藏淨金爲莊嚴하니

외 외 고 대 여 산 왕　　기 수 무 량 백 천 억
巍巍高大如山王이라　其數無量百千億이로다

짝이 없이 훌륭한 형상을 조성하여
보석이 박혀 있는 금으로 장엄한 것이
높고 높고 크고 높아 수미산과 같은
그 수효 한량없는 백천억이니라.

역시 부처님이 열반하신 뒤 불상을 대신하여 세운 탑묘
塔廟에 대한 설명이다. 지상에서 가장 아름다운 형상으로 만

들고 순금에다 값진 보석을 곳곳에 박아서 화려하게 장엄한다. 역시 미얀마에는 '쉐다곤 대탑'이라고 하는, 높이가 98미터나 되는 큰 탑이 있다. 탑의 나라답다. 그렇게 큰 탑을 온통 황금으로 장엄하였다. 전 세계에는 황금탑, 목탑, 석탑, 전탑 등 얼마나 많은 탑이 있는가. 경문에서는 수미산과 같이 크고 높다고 하였다. 믿음의 위신력은 이와 같다.

정 심 존 중 공 양 이   부 생 환 희 이 익 의
淨心尊重供養已에   **復生歡喜利益意**하고

부 사 의 겁 처 세 간   구 호 중 생 영 해 탈
不思議劫處世間하야   **救護衆生令解脫**이로다

청정한 마음으로 존중하여 공양하고는

다시 또 환희하고 이익하게 할 생각을 내어

부사의 겁 동안 세간에 살고 있으면서

중생들을 구호하여 해탈케 하도다.

보살은 청정하고 순수하고 정성스러운 마음으로 모든

사람과 일체 생명을 부처님으로 받들어 섬기고 존중하고 공양하고, 기쁘고 이익하게 하려는 마음을 내면서 불가사의 한 겁 동안 세간에 산다. 모든 중생을 다 구호하여 해탈하게 한다.

요 지 중 생 개 망 상　　　어 피 일 체 무 분 별
了知衆生皆妄想하야　　　於彼一切無分別호대

이 능 선 별 중 생 근　　　보 위 군 생 작 요 익
而能善別衆生根하야　　　普爲群生作饒益이로다

중생들이 망상妄想인 줄 분명히 알고
그들 모두에게 분별이 전혀 없지만
중생의 근성들을 잘 가려내어
그들을 위해 큰 이익 널리 짓도다.

"중생이다." "부처다."라고 아는 것은 모두가 망령된 생각의 소치다. 그들에게 그와 같은 분별을 하지 않으면서 또한 중생들의 근성을 잘 알아 널리 이익되는 일을 지어야 한다. 이것이 곧 치우치지 않고 양면을 다 수용하는 견해이다.

3〉 회향하는 마음

보살 수습 제 공덕　　　광대 최승 무여비
菩薩修習諸功德이　　廣大最勝無與比라

요달 체성 실 비유　　　여시 결정 개 회향
了達體性悉非有하고　如是決定皆廻向이로다

보살이 모든 공덕 닦아 익히니

크고 넓고 수승하여 짝이 없으나

그 성품 없는 줄을 사무쳐 알고

이와 같이 결정하여 모두 회향하도다.

　보살은 온갖 선근 공덕을 다 닦아 익힌다. 그 공덕은 넓고 크고 수승하여 무엇과도 비교할 수 없다. 그러나 그 공덕의 본성품은 실재하는 것이 아님을 철저히 안다. 보살은 크나큰 선근 공덕을 회향하지만 이와 같은 사실을 분명히 알고 회향한다.

이 최승 지 관 제 법　　　기 중 무 유 일 법 생
以最勝智觀諸法하니　其中無有一法生이라

여 시 방 편 수 회 향　　　　공 덕 무 량 불 가 진
如是方便修廻向이어　　**功德無量不可盡**이로다

가장 수승한 지혜로 모든 법을 관찰하니
그 가운데 한 법도 생기는 일이 없어
이와 같은 방편으로 회향을 닦으니
그 공덕 한량없고 다함이 없도다.

　부처님이 터득하신 가장 수승한 지혜로 일체 모든 법을
관찰하면 미세먼지에서 저 먼 은하계에 이르기까지 한 가지
도 생긴 것이 없으며 소멸한 것도 없다. 그뿐만 아니라 삼현
三賢과 십지十地라는 수승한 모든 불법도 역시 생기는 법이 없
으며 소멸하는 법도 없다. 이와 같은 지혜 방편으로 회향을
닦으니 그 공덕이 한량이 없고 다함이 없다. 불법은 이와 같
은 안목이 근본이 되어 수행해야 바른 견해이다.

이 시 방 편 영 심 정　　　　실 여 일 체 여 래 등
以是方便令心淨하야　　**悉與一切如來等**하니

차 방 편 력 불 가 진 　　　시 고 복 보 무 진 극
此方便力不可盡일새　　　**是故福報無盡極**이로다

이러한 방편으로 마음을 깨끗하게 하여

일체 여래와 평등하니

이러한 방편의 힘 다하지 않아

그러므로 복덕의 과보가 끝이 없도다.

이러한 방편이란 무엇인가. "가장 수승한 지혜로 모든 법을 관찰하니 그 가운데 한 법도 생기는 일이 없더라."라는 진리이다. 이러한 방편이라야 마음이 청정해진다. 또 여래와 평등해지며 복덕의 과보가 끝이 없다.

발 기 무 상 보 리 심 　　　일 체 세 간 무 소 의
發起無上菩提心하야　　　**一切世間無所依**라

보 지 시 방 제 세 계 　　　이 어 일 체 무 소 애
普至十方諸世界호대　　　**而於一切無所礙**로다

위없는 보리심을 일으키시어

일체 세간에서 의지할 것이 없으며

시방의 모든 세계 두루 다녀도

온갖 것에 장애가 조금도 없도다.

가장 높아 그것보다 더 높은 것이 없고 그것보다 더 위에

가는 것이 없는 보리심을 일으키면 더 이상 세간에서는 의지

할 필요도 없고 의지할 것도 없다. 그와 같은 경지에 이르면

시방세계를 아무리 다녀도 장애될 것이 없다. 그것은 곧 보

리심의 힘이며 불심의 힘이다.

4〉 회향의 상相

일 체 여 래 출 세 간

一切如來出世間은

여 기 심 성 이 관 찰

如其心性而觀察하야

위 욕 계 도 중 생 심

爲欲啓導衆生心이시니

필 경 추 구 불 가 득

畢竟推求不可得이로다

일체 여래가 세간에 출현하심은

중생 마음 열어서 인도하지만

그 심성心性과 같이 관찰하건대

끝까지 찾아봐도 얻을 것 없도다.

모든 여래가 세상에 출현하신 것은 미혹한 중생들의 마음을 열어서 인도하여 주기 위해서이다. 그러나 그 사실에 있어서 마음의 실상을 관찰해 보면 마음이란 실체가 없는 것이다. 실체가 없으므로 아무리 찾아보아야 찾을 수 없다. 이와 같은 사실을 깨달아 알게 하는 것이 마음을 열어서 인도함이다. 그래서 이런 게송이 있다. "죄업이란 자성이 없고 마음으로부터 생긴 것이다. 마음이 만약 소멸할 때에 죄업도 또한 없어진다. 죄업이 없어지고 마음마저 소멸하여 두 가지가 함께 공하면 이것을 곧 참다운 참회라 한다."[3] 실체가 없는 마음 위에 실체가 없는 죄업이 건립된 것이어서 모두가 다 환영일 뿐이다. 그런데 무슨 중생의 마음을 열어서 인도한다는 말인가. 이것은 또 다른 차원의 회향이다.

일 체 제 법 무 유 여
一切諸法無有餘하야

실 입 어 여 무 체 성
悉入於如無體性이라

이 시 정 안 이 회 향
以是淨眼而廻向하야

개 피 세 간 생 사 옥
開彼世間生死獄이로다

3) 罪無自性從心起 心若滅時罪亦亡 罪亡心滅兩俱空 是卽名爲眞懺悔.

일체 모든 법이 하나도 남을 것 없이
진여에 다 들어가서 체성이 없나니
청정한 이 눈으로 회향하여서
저 세간의 생사지옥 열어 헤치도다.

　일체 법이 자성이 없으며 진여도 또한 자성이 없다. 자성
이 없는 일체 법이 남김없이 자성이 없는 진여에 들어가니 세
간이 어디 있으며 생사가 어디 있겠는가. 이것은 생사가 없
는 도리를 열어 보임이며 또 다른 차원의 회향이다.

5〉회향의 행이 이루어지다

　　수 령 제 유 실 청 정　　　역 불 분 별 어 제 유
　　雖令諸有悉淸淨이나　　**亦不分別於諸有**하며

　　지 제 유 성 무 소 유　　　이 령 환 희 의 청 정
　　知諸有性無所有니　　**而令歡喜意淸淨**이로다

비록 모든 유有로 하여금 청정케 하나
또한 모든 유를 분별하는 일이 없으며
모든 유의 성품이 없는 줄 알고

마음이 환희하며 뜻이 청정하도다.

회향의 행을 이루는 것은 모든 존재가 텅 비어 없음을 증
득하지만 그렇다고 해서 또한 모든 존재를 분별하지도 않
는다. 모든 존재의 본성이 본래로 있지 아니함을 알아 환희
에 넘치지만 마음은 텅 비어 청정하다. 이것은 또 다른 차원
의 회향이다.

어 일 불 토 무 소 의　　　일 체 불 토 실 여 시
於一佛土無所依하고　　**一切佛土悉如是**하며

역 불 염 착 유 위 법　　　지 피 법 성 무 의 처
亦不染着有爲法하야　　**知彼法性無依處**로다

한 부처님 국토에 의지함이 없고
일체 부처님 국토에도 다 이와 같으며
또한 유위법有爲法에도 물들지 않아
저 법성은 의지할 데 없는 줄을 알도다.

의지한다고 하는 것은 구속이며 예속이어서 부자유함을

뜻한다. 선근으로 회향하여 삼현三賢의 지위에 이른 보살은
한 부처님 국토나 일체 부처님 국토 그 어디에도 의지한 바
없다. 또한 유위법有爲法에도 물들지 않는다. 법성은 원융하
여 두 가지 모양이 없으며 또한 법성은 본래로 어디에 의지
함이 없음을 잘 알기 때문이다.

이 시 수 성 일 체 지　　　　이 시 무 상 지 장 엄
以是修成一切智하야　　　**以是無上智莊嚴**일새

이 시 제 불 개 환 희　　　　시 위 보 살 회 향 업
以是諸佛皆歡喜시니　　　**是爲菩薩廻向業**이로다

이것으로 일체 지혜를 닦아 이루며

이것으로 가장 높은 지혜를 장엄하며

이것으로 모든 부처님이 다 환희하시니

이것이 보살들의 회향하는 업業이로다.

　스스로 선근을 닦아 그 선근을 다른 사람에게 회향하고
깨달음에 회향하고 진리[實際]에 회향하는 일은 일체 지혜를
성취하는 일이다. 가장 높은 지혜를 장엄하는 일이다. 모든

부처님이 환희하는 일이다. 이것은 곧 보살의 회향하는 업이
다.

　　보 살 전 심 염 제 불　　　　무 상 지 혜 교 방 편
　　菩薩專心念諸佛의　　　　**無上智慧巧方便**하고

　　여 불 일 체 무 소 의　　　　원 아 수 성 차 공 덕
　　如佛一切無所依하야　　　**願我修成此功德**이로다

보살이 전심專心으로 모든 부처님들의

가장 높은 지혜와 선교 방편을 생각하고

부처님이 일체에 의지함이 없듯이

자신도 이 공덕을 닦아 이루기를 서원하도다.

　보살은 부처님의 가장 높은 지혜를 오로지 생각하고, 중
생들을 교화하는 훌륭한 방편을 오로지 생각한다. 그러면
서 보살은 일체 모든 부처님이 그 어디에도 의지함이 없듯이
그와 같이 한다. 이와 같은 공덕을 이루기를 서원한다.

6〉 회향하는 행

전 심 구 호 어 일 체
專心救護於一切하야

영 기 원 리 중 악 업
令其遠離衆惡業하나니

여 시 요 익 제 군 생
如是饒益諸群生을

계 념 사 유 미 증 사
繫念思惟未曾捨로다

전심專心으로 일체 중생 구호하여

여러 가지 나쁜 업을 멀리 여의게 하며

이와 같이 모든 중생 이익 주려고

뜻을 두어 생각하고 버리지 않도다.

선근을 닦아 회향하는 보살은 오로지 일체 중생을 구호하려는 마음뿐이다. 중생들은 어리석어 나쁜 업을 짓고 나쁜 업을 따라 고통의 과보를 받는다. 이와 같은 중생들을 구호하여 좋은 이익 주려고 한 중생도 버리지 않는다.

주 어 지 지 수 호 법
住於智地守護法하야

불 이 여 승 취 열 반
不以餘乘取涅槃하고

유 원 득 불 무 상 도
唯願得佛無上道하나니

보 살 어 시 선 회 향
菩薩如是善廻向이로다

지혜의 지위에 머물러서 법을 수호하며
다른 법으로 열반을 취하지 않고
오직 부처님의 무상도無上道를 얻기 원하나니
보살이 이와 같이 잘 회향하도다.

선근을 닦아 회향하는 보살은 일체 지혜의 지위에 머물러 정법을 수호한다. 소승들처럼 열반을 취하여 자신의 안녕만을 추구하는 길은 가지 않는다. 오직 부처님의 가장 높은 도를 얻기 바랄 뿐이다. 보살은 이와 같이 회향한다.

불 취 중 생 소 언 설
不取衆生所言說과

일 체 유 위 허 망 사
一切有爲虛妄事하나니

수 부 불 의 언 어 도
雖復不依言語道나

역 부 불 착 무 언 설
亦復不着無言說이로다

중생들의 하는 말과
일체 유위有爲의 허망한 일을 취하지 않아
비록 다시 언어를 의지하지 않지만
또한 다시 말이 없는 것에도 집착하지 않도다.

화엄경의 명구 중 하나다. 아무리 지식이 출중하여 언론이 뛰어나더라도 존재의 실상을 깨닫지 못한 중생의 언어란 한계가 있다. 깨달음의 직관에 의한 말이 아니고 망념에 의한 사변으로 흐르기 때문이다. 그러므로 불교에서는 진리를 깨닫지 못한 사람의 언론은 아무리 훌륭해도 도道가 없다고 보기 때문에 높이 사지 않으며 취하지 않는다. 또한 일체 유위법은 몽환포영夢幻泡影과 같기 때문에 그것도 역시 취하지 않는다.

또 언어란 비록 누구의 어떤 활구活句라 하더라도 언어를 의지하지 않는다. 그렇다고 하여 언어가 없음에 집착하지도 않는다. 이율배반적인 논리지만 불법이 세속적 논리에 꼭 맞아야만 진리인 것은 아니다. 그래서 "진리는 언어를 초월하였다."라고도 하지만 "언어가 곧 도道다."라고도 한다. 그러므로 말을 따라가거나 말에 떨어지면 진리와는 십만 팔천 리다.

시 방 소 유 제 여 래   요 달 제 법 무 유 여
十方所有諸如來가   **了達諸法無有餘**하시니

수 지 일 체 개 공 적　　　　이 불 어 공 기 심 념
雖知一切皆空寂이나　　　**而不於空起心念**이로다

시방세계에 계시는 모든 여래가

모든 법을 남김없이 다 깨달아 아시니

비록 일체 법이 다 공적함을 알지만

공적하다는 마음을 내지 않도다.

　시방세계에 계시는 모든 여래가 일체 법을 남김없이 다 깨달아 안다는 것은 일체 존재의 본질은 공성空性이라는 사실을 안다는 것이다. 그러나 존재의 공성을 깨달아 알더라도 그 알았다는 마음을 일으키지 않는다. 자신도 공이기 때문이다. 그러나 실은 마음을 일으키더라도 공의 작용으로 일으키는 소식이 있다. 이것이 치우치지 않으면서도 허물이 없는 일으킴이다.

이 일 장 엄 엄 일 체　　　　역 불 어 법 생 분 별
以一莊嚴嚴一切호대　　　**亦不於法生分別**이라

여 시 개 오 제 군 생　　　　일 체 무 성 무 소 관
如是開悟諸群生하야　　　**一切無性無所觀**이로다

한 장엄으로 모든 것을 장엄하지만
또한 법에 대해 분별을 내지 않나니
이와 같이 모든 중생 깨우치지만
일체가 성품이 없고 볼 바도 없도다.

화엄경의 안목은 하나 가운데 일체가 있고 일체 가운데
하나가 있음을 보는 것이다. 그래서 하나의 장엄으로 일체
를 장엄한다. 그렇더라도 그와 같은 이치에 대해서 별다른
분별심을 내지 않는다. 사람이 조작하여 만든 것이 아니고
법이 으레 그렇기 때문이다. 이와 같은 이치로 모든 중생을
열어서 깨닫게 한다. 여기까지 제2 깨뜨릴 수 없는 불괴회향
不壞廻向을 장문과 게송으로 설하여 마쳤다.

5) 제3 등일체불회향等一切佛廻向

(1) 경계를 대하여 마음이 변하지 않는다

불 자　　운 하 위 보 살 마 하 살　　등 일 체 불 회 향
佛子야 云何爲菩薩摩訶薩의 等一切佛廻向고

불자　차 보 살 마 하 살　수 순 수 학 거 래 현 재 제
佛子아 **此菩薩摩訶薩**이 **隨順修學去來現在諸**

불 세 존　회 향 지 도
佛世尊의 **廻向之道**하나니라

"불자들이여, 무엇을 보살마하살의 일체 부처님과 평
등한 회향이라 하는가. 불자들이여, 이 보살마하살이 과
거 미래 현재의 모든 부처님 세존의 회향하는 도道를 따
라 배우느니라."

제3 회향의 뜻을 밝혔다. 보살마하살의 일체 부처님과
평등한 회향이란 보살마하살이 과거 미래 현재의 모든 부처
님 세존의 회향하는 도道를 따라 배우는 것이다. 부처님의
회향의 도를 따라 배우므로 끝내는 부처님과 평등하여진다.
그래서 모든 부처님과 평등한 회향이 된다. 요컨대 회향을
같이 하면 그 지위가 같아지고 회향을 같이 하지 못하면 그
지위가 같지 못하다. 불법만 그런 것이 아니라 세상법도 꼭
같은 것이 이 회향의 이치다. 그러므로 인생은 회향에 달려
있다.

여 시 수 학 회 향 도 시   견 일 체 색   내 지 촉 법
如是修學廻向道時에 **見一切色**과 **乃至觸法**의

약 미 약 오   불 생 애 증   심 득 자 재   무 제 과
若美若惡호대 **不生愛憎**하야 **心得自在**하며 **無諸過**

실   광 대 청 정   환 희 열 락   이 제 우 뇌   심
失하야 **廣大淸淨**하며 **歡喜悅樂**하야 **離諸憂惱**하며 **心**

의 유 연   제 근 청 량
意柔軟하야 **諸根淸凉**이니라

　"이와 같이 회향하는 도를 배울 적에 일체 색진色塵
이나 내지 촉진觸塵과 법진法塵이 아름답거나 추악함을
보더라도 사랑하고 미워함을 내지 아니하느니라. 마음
이 자재하여 모든 허물이 없으며 넓고 크고 툭 터져 기
쁘고 즐거워서 모든 근심과 번뇌가 없으며, 마음이 부
드럽고 모든 근이 청량하여지느니라."

　이 회향의 지위에 이르면 경계를 대하여 마음이 변하지
않는다는 뜻이 여기에 있다. 회향의 도를 배울 때에 색성향
미촉법色聲香味觸法의 경계를 대하더라도 좋다거나 싫다거나
하는 증오심이 일어나지 않는다. 마음이 자유자재하여 모
든 허물이 없다. 마음이 또 넓고 크고 툭 터져서 기쁘고 즐

겁다. 모든 근심과 번뇌가 없으며, 마음이 부드럽고 모든 근
이 청량하여진다.

　방龐거사 게송에 "다만 스스로 만물에 무심하면 만물이
항상 에워싸고 있은들 무엇이 방해가 되겠는가. 무쇠로 된
소는 사자후를 두려워하지 않는 것이 흡사 나무로 만든 사
람이 화조花鳥를 보는 것과 같다."[4]라고 하였다.

　(2) 부처님의 즐거움이 증장하기를 원하다

　불자　보살마하살　획득여시안락지시　부
佛子야 **菩薩摩訶薩**이 **獲得如是安樂之時**에 **復**

갱발심　회향제불　작여시념　원이아금
更發心하야 **廻向諸佛**하야 **作如是念**호대 **願以我今**

소종선근　영제불락　전갱증승
所種善根으로 **令諸佛樂**으로 **轉更增勝**이니라

　"불자들이여, 보살마하살이 이와 같은 안락함을 얻었
을 때에 다시 마음을 내어 모든 부처님께 회향하여 이

4) 龐거사 게송 : 但自無心於萬物 何妨萬物常圍繞 鐵牛不怕獅子吼 恰似木人
　見花鳥 木人本體自無情 花鳥逢人亦不驚 心境如如只遮是 何慮菩提道不成.

러한 생각을 하되 '원컨대 내가 지금 심은 선근으로 모든 부처님으로 하여금 낙樂이 더욱 늘어나게 하여지이다.' 라고 하느니라."

보살이 위에서 밝힌 회향의 도를 배운 뒤 마음이 부드럽고 모든 근이 청량하여지면 그것을 다시 모든 부처님께 회향하고, 다시 또 보살에게 회향하고, 선량한 중생에게 회향하고, 이승에게 회향하고, 그 다음은 악한 중생에게 회향하는 것을 밝혔다. 먼저 모든 부처님께 회향하는 내용이다. 발원하기를 '내가 심은 선근으로 모든 부처님으로 하여금 즐거움이 더욱 늘어나게 하여지이다.' 라고 하는 것이다. 아래는 그 즐거움의 종류를 밝혔다.

소위 불가 사 의 불 소 주 락　무 유 등 비 불 삼 매
所謂不可思議佛所住樂과　無有等比佛三昧

락　불 가 한 량 대 자 비 락　일 체 제 불 해 탈 지 락
樂과 不可限量大慈悲樂과 一切諸佛解脫之樂과

무 유 변 제 대 신 통 락　최 극 존 중 대 자 재 락　광
無有邊際大神通樂과 最極尊重大自在樂과 廣

대 구 경 무 량 력 락　　이 제 지 각 적 정 지 락　　주 무
大究竟無量力樂과 離諸知覺寂靜之樂과 住無

애 주 항 정 정 락　　행 무 이 행 불 변 이 락
礙住恒正定樂과 行無二行不變異樂이니라

"이른바 불가사의한 부처님의 머무시는 낙樂과 짝할
이 없는 부처님 삼매의 낙과 한량할 수 없는 대자비의
낙과 일체 모든 부처님의 해탈의 낙과 끝이 없는 큰 신
통의 낙과 가장 지극하고 존중하며 크게 자재한 낙과
광대하고 끝까지 이르는 무량한 힘의 낙과 모든 깨달아
아는 것을 여의는 고요한 낙과 걸림 없는 머무름에 머
무는 바른 선정禪定의 낙과 둘이 없는 행行을 행하여 변
이變異하지 않는 낙이니라."

부처님의 머무름, 삼매, 대자비, 해탈, 신통, 존중, 한량
없는 힘, 깨달아 아는 것을 여의는 것 등등이 곧 부처님의 낙
이다. 이와 같은 낙이 더욱 증장하기를 발원하는 것이다.

(3) 부처님께 회향한 선근으로 보살에게 회향하다

불자 보살마하살 이제선근 회향불이
佛子야 菩薩摩訶薩이 以諸善根으로 廻向佛已코

부이차선근 회향보살 소위원미만자
復以此善根으로 廻向菩薩하나니 所謂願未滿者로

영득원만 심미정자 영득청정 제바라밀
令得圓滿하며 心未淨者로 令得淸淨하며 諸波羅蜜

미만족자 영득만족
未滿足者로 令得滿足하니라

"불자들이여, 보살마하살이 모든 선근으로 부처님께
회향하고는 다시 이 선근으로 보살에게 회향하느니라.
이른바 원願이 원만하지 못한 것은 원만케 하고, 마음이
청정하지 못한 것은 청정케 하고, 모든 바라밀다가 만
족하지 못한 것은 만족케 하느니라."

보살은 서원의 삶이며, 청정한 마음의 삶이며, 바라밀다
의 삶이다. 그러나 그것이 아직 원만하지 못하면 십회향보
살은 부처님께 회향하고는 다시 보살에게 회향하여 모두 만
족케 한다.

안 주 금 강 보 리 지 심   어 일 체 지   득 불 퇴 전
安住金剛菩提之心하며 於一切智에 得不退轉

불 사 대 정 진   수 호 보 리 문 일 체 선 근   능
하며 不捨大精進하야 守護菩提門一切善根하며 能

령 중 생   사 리 아 만   발 보 리 심   소 원 성 만
令衆生으로 捨離我慢하고 發菩提心하며 所願成滿

안 주 일 체 보 살 소 주   획 득 보 살 명 리 제 근
하야 安住一切菩薩所住하며 獲得菩薩明利諸根하며

수 습 선 근   증 살 바 야
修習善根하야 證薩婆若니라

"금강과 같은 보리심에 편안히 머물며, 일체 지혜에 퇴전하지 않으며, 크게 정진함을 버리지 아니하여 보리문菩提門의 일체 선근을 수호하며, 중생들로 하여금 아만我慢을 버리고 보리심을 내게 하며, 소원을 성취하여 일체 보살의 머무는 데 편안히 머물게 하며, 보살의 밝고 영리한 모든 근根을 얻게 하며, 선근을 닦아서 일체지一切智를 증득케 하느니라."

부처님께 회향한 선근으로 다시 보살에게 회향하는 내용이 계속된다. 금강과 같이 빛나고 견고한 보리심에 안주하

며, 일체지에서 물러서지 아니하며, 대정진으로 보리문의 일체 선근을 수호하며, 중생들로 하여금 아만을 버리고 보리심을 내게 하는 것 등이다.

(4) 적은 선근의 중생에게 회향하다

불자야 菩薩摩訶薩이 以諸善根으로 如是廻向

菩薩已하고 復以廻向一切衆生호대 願一切衆生의

所有善根이 乃至極少하야 一彈指頃을 見佛聞法

하고 恭敬聖僧이니라

"불자들이여, 보살마하살이 선근으로써 이렇게 보살에게 회향하고는 다시 일체 중생에게 회향하되 '원컨대 일체 중생이 가진 선근이 지극히 적더라도 손가락 한 번 퉁기는 동안에 부처님을 친견하고 법을 들으며 성스러운 스님을 공경하여지이다.'라고 하느니라."

보살이 선근으로 다시 보살에게 회향하고는 이제 중생에게 회향하는 것이다. 설사 중생의 선근이 지극히 적더라도 아주 짧은 시간 동안이라도 부처님을 친견하고 법문을 들으며 훌륭한 스님을 공경하게 되기를 서원하는 것이다.

彼諸善根이 皆離障礙하야 念佛圓滿하며 念法

方便하며 念僧尊重하며 不離見佛하야 心得清淨하며

獲諸佛法하야 集無量德하며 淨諸神通하야 捨法疑

念하고 依敎而住니라

"저 모든 선근들이 모두 장애를 여의며, 부처님의 원만함을 생각하고 법의 방편을 생각하고 스님의 존중함을 생각하며, 부처님 친견함을 떠나지 아니하여 마음이 청정하여지고, 모든 부처님의 법을 얻어 한량없는 공덕을 모으며, 모든 신통을 깨끗이 하여 법에 대한 의심을 여의고 교법을 의지하여 머무느니라."

비록 아주 적은 선근이라도 장애가 없어서 부처님을 생각하고 법을 생각하며 스님을 존중하여 불법에서 떠나지 않게 되도록 하는 것이다. 적은 선근이라도 그것이 불씨가 되어 한량없는 공덕을 모으며 가르침을 의심하지 않고 항상 바른 교법에 머문다면 그 또한 훌륭한 회향이 되리라.

(5) 성문과 연각에게 회향하다

여 위 중 생 여 시 회 향   위 성 문 벽 지 불 회 향
如爲衆生如是廻向하야 **爲聲聞辟支佛廻向**도
역 부 여 시
亦復如是니라

"중생을 위하여 이와 같이 회향하듯이 성문과 벽지불에게 회향함도 또한 다시 이와 같이 하느니라."

회향하는 순서를 잘 살펴볼 필요가 있어서 부연한다. 먼저 부처님께 회향하고, 다음으로 보살에게 회향하고, 다음으로 적은 선근의 중생에게 회향하고, 그 다음 성문과 연각에게 회향하였다. 대승불교는 자기중심으로 사는 소승들은

선근이 아주 적은 중생보다 못하다고 생각한다. 그래서 이
와 같이 순서가 되었다. 그 다음이 악도 중생이다.

(6) 악도 중생에게 회향하다

우원일체중생 영리지옥아귀축생 염라
又願一切衆生이 永離地獄餓鬼畜生과 閻羅

왕등일체악처 증장무상보리지심 전의
王等一切惡處하고 增長無上菩提之心하야 專意

근구일체종지 영불훼방제불정법 득불
勤求一切種智하며 永不毁謗諸佛正法하고 得佛

안락 신심청정 증일체지
安樂하야 身心淸淨하야 證一切智니라

"또 서원하기를 '일체 중생이 지옥, 아귀, 축생, 염라
왕 등의 모든 나쁜 곳을 영원히 여의고, 위없는 보리심
을 증장하며, 전심전력으로 일체 지혜를 부지런히 구하
고, 모든 부처님의 바른 법을 영원히 훼방하지 아니하
며, 부처님의 안락을 얻고, 몸과 마음이 청정하여 일체
지혜를 증득하여지이다.'라고 하느니라."

대방광불화엄경 강설

끝으로 악도 중생에게 회향하는 것이다. 보살은 선근을 닦아 부처님과 보살과 소선근 중생과 성문 연각과 악도 중생에게까지 회향하기 위하여 서원한다. '일체 중생이 지옥, 아귀, 축생, 염라왕 등의 모든 나쁜 곳을 영원히 여의고, 위없는 보리심을 증장하여지이다.'라고 한다.

(7) 보살의 선근은 넓고 크다

불 자　보 살 마 하 살　소 유 선 근　　개 이 대 원
佛子야 菩薩摩訶薩의 所有善根이 皆以大願으로

발 기 정 발 기　　적 집 정 적 집　　증 장 정 증 장
發起正發起하며 積集正積集하며 增長正增長하야

실 령 광 대　　구 족 충 만
悉令廣大하야 具足充滿이니라

"불자들이여, 보살마하살이 가진 선근은 모두 큰 서원으로 일으키되 바르게 일으키고, 모으되 바르게 모으며, 증장하되 바르게 증장하여, 크고 넓게 하고 구족하고 충만하게 하느니라."

보살이 선근을 닦아 회향하기를 서원하되 바르게 일으키고, 바르게 모으고, 바르게 증장하는 것이 또한 중요하다. 아무리 작은 공부를 하고 작은 수행을 하더라도 삿되게 하는 것은 아니하는 것만 못하기 때문이다.

(8) 보살의 재가 생활과 보리심

불자 보살마하살 재가택중 여처자구
佛子야 菩薩摩訶薩이 在家宅中하야 與妻子俱

미증잠사보리지심 정념사유살바야경
호대 未曾暫捨菩提之心하고 正念思惟薩婆若境

자도도피 영득구경 이선방편 화기
하야 自度度彼하야 令得究竟하며 以善方便으로 化己

권속 영입보살지 영성숙해탈 수여동
眷屬하야 令入菩薩智하야 令成熟解脫하고 雖與同

지 심무소착 이본대비 처어거가 이자
止나 心無所着하며 以本大悲로 處於居家하야 以慈

심고 수순처자 어보살청정도 무소장애
心故로 隨順妻子나 於菩薩清淨道에 無所障礙하니라

"불자들이여, 보살마하살이 집에 있어 처자와 함께

살지마는 보리심을 잠깐도 버리지 아니하고 일체지의 경계를 바른 생각으로 사유하여 자기도 제도하고 남도 제도하여 끝까지 이르게 하며, 좋은 방편으로 자기의 권속을 교화하여 보살의 지혜에 들어가서 성숙하여 해탈케 하며, 비록 함께 있으나 집착하는 마음이 없고, 본래의 대비大悲로 집에서 살고, 인자한 마음으로 처자를 수순隨順하지마는 보살의 청정한 도道에는 장애가 없느니라."

불교가 교단 중심과 승가 중심에서 벗어나 대중 중심의 불교로 발전하였을 때를 대승불교시대 또는 보살불교시대라 한다. 불교가 출가든 재가든 차별 없이 수행과 깨달음을 공유하는 가장 이상적인 시대다. 그러므로 보살마하살이 집에 있어 처자 권속들과 함께 살지마는 보리심을 잠깐도 버리지 아니한다. 자기도 제도하고 남도 제도하여 모든 불교적인 것을 끝까지 완성한다. 보살불교는 좋은 방편으로 자기의 권속을 교화하여 보살의 지혜에 들어가서 성숙하여 해탈케 한다. 비록 처자 권속들과 함께 있으나 권속들에 대해서 집착하는 마음이 없고, 본래의 대비大悲로 집에서 살고 인

자한 마음으로 처자 권속들을 수순隨順하지마는 보살의 청
정한 도道에는 조금도 장애가 없는 불교, 이것이 가장 이상
적이며 바람직한 불교다.

(9) 보살의 재가 사업과 지혜

보살 마 하 살　수 재 거 가　　작 제 사 업　　미
菩薩摩訶薩이 雖在居家하야 作諸事業이나 未

증 잠 사 일 체 지 심　　소 위 약 착 의 상　약 담 자
曾暫捨一切智心하나니 所謂若着衣裳과 若噉滋

미　약 복 탕 약　조 수 도 마　회 선 고 시　행 주 좌
味와 若服湯藥과 澡漱塗摩와 廻旋顧視와 行住坐

와　신 어 의 업　약 수 약 오　　여 시 일 체 제 유 소
臥와 身語意業과 若睡若寤하는 如是一切諸有所

작　심 상 회 향 살 바 야 도　계 념 사 유　무 시
作에 心常廻向薩婆若道하야 繫念思惟하야 無時

사 리
捨離하니라

　"보살마하살이 비록 집에 있어 모든 사업을 하지마는
잠깐도 일체 지혜에 대한 마음을 버리지 아니하나니, 이

른바 옷을 입거나, 맛난 음식을 먹거나, 약을 먹거나, 낯을 씻고 양치하고 바르고 만지거나, 몸을 돌리거나, 돌아보거나, 가고 서고 앉고 눕거나, 몸과 말과 뜻의 업과, 자거나 깨거나, 이와 같은 모든 일을 할 때에도, 마음은 항상 일체 지혜의 길에 회향하여 뜻을 두어 생각하고 잠깐도 버리지 아니하느니라."

또 보살이 가족과 사회에 처해 있게 되면 모든 생업에 필요한 사업을 함께 할 수밖에 없다. 온갖 사업을 하더라도 잠깐도 일체 지혜에 대한 마음을 버리지 아니한다. 행주좌와 어묵동정에도 마음은 항상 일체 지혜의 길에 회향하여 뜻을 두어 생각하고 잠깐도 버리지 않는다. 이것이 올바른 수행이다.

(10) 보살의 중생 이익

위 욕 요 익 일 체 중 생　　안 주 보 리 무 량 대 원
爲欲饒益一切衆生하야 **安住菩提無量大願**하며

섭 취 무 수 광 대 선 근　　근 수 제 선　　보 구 일 체
攝取無數廣大善根하야 **勤修諸善**하야 **普救一切**하며

영 리 일 체 교 만 방 일　　　　결 정 취 어 일 체 지 지
永離一切憍慢放逸하며　決定趣於一切智地하며

종 불 발 의　　　향 어 여 도　　　상 관 일 체 제 불 보 리
終不發意하야　向於餘道하며　常觀一切諸佛菩提하며

영 사 일 체 제 잡 염 법　　　수 행 일 체 보 살 소 학
永捨一切諸雜染法하며　修行一切菩薩所學하며

"일체 중생을 이익하게 하기 위하여 보리의 무량한 대원大願에 머물며, 수없이 광대한 선근善根을 거두어 지니며, 모든 선善한 일을 부지런히 닦아 일체 중생을 구호하되 온갖 교만과 방일함을 길이 여의고 확실하고 분명하게 일체 지혜의 지위에 나아가며, 마침내 다른 길에 향할 생각을 내지 아니하고 일체 모든 부처님의 보리를 항상 관찰하며, 온갖 잡되고 물드는 법을 영원히 버리고 일체 보살들이 배우는 것을 닦아 행하느니라."

보살이 세상에 처해 살면서 스스로 닦아야 할 수행과 중생을 이익하게 하는 일들을 밝혔다. 먼저 불심佛心에 머물러 큰 원력이 있어야 한다. 무수한 선근을 다 거두어야 한다. 온갖 선행으로 일체 중생을 널리 구호해야 한다. 보살로서

교만과 방일함을 영원히 떠나서 부지런히 정진해야 한다. 언제나 깨달음의 지혜에 나아가고 이승이나 외도의 길에 나아가지 말아야 한다. 일체 부처님의 깨달음을 항상 관찰하고 기타 세속적인 예능이나 세속적인 사업이나 세속적인 학문과 같은 것에 관심을 가져 시간을 허비해서는 안 된다. 보살의 행이 아니면 행하지 아니하고, 보살의 생각이 아니면 생각하지 아니하고, 보살의 말이 아니면 말하지 않아야 한다.

어 일 체 지 도　　무 소 장 애　　주 어 지 지　　　애
於一切智道에 無所障礙하며 住於智地하야 愛

락 송 습　　이 무 량 지　　집 제 선 근　　심 불 연 락 일
樂誦習하며 以無量智로 集諸善根하며 心不戀樂一

체 세 간　　역 불 염 착 소 행 지 행　　전 심 수 지 제
切世間하고 亦不染着所行之行하야 專心受持諸

불 교 법　　보 살　　여 시 처 재 거 가　　보 섭 선 근
佛敎法하나니 菩薩이 如是處在居家에 普攝善根하야

영 기 증 장   회 향 제 불 무 상 보 리
令其增長하야 **廻向諸佛無上菩提**니라

　　"일체 지혜의 길에 나아가 장애가 없고, 지혜의 지위
에 머물러 즐기고 좋아하여 외우고 익히며, 한량없는
지혜로 모든 선근을 모으며, 마음에는 일체 세간을 그
리워하지 않고 또한 행하는 일에 물들거나 집착하지도
아니하며, 전심專心으로 모든 부처님이 가르치신 법을 받
아 지니느니라. 보살이 이와 같이 집에 있으면서 선근
을 두루 거두어 증장케 하여 모든 부처님의 위없는 보
리菩提에 회향하느니라."

　　보살은 세속에 살면서 일체 지혜의 길에 나아가 장애가
없어야 한다. 지혜의 가르침을 만나면 즐기고 좋아하여 외
우고 익혀야 한다. 그리고 만나는 사람마다 다 가르쳐서 함
께 법을 나누어야 한다. 결코 세속적인 것은 즐겨하지도 말
고 그리워하지도 말아야 한다. 설사 과거에 하던 일이라 하
더라도 더 이상 집착하지 말아야 한다. 오로지 모든 부처님
의 교법만을 받아 지니고 열심히 가르쳐야 한다. 이것이 보
살이 세속에서 가족과 권속과 더불어 살면서 선근을 널리 닦

고 더욱 증장시켜서 가장 높은 깨달음에 회향하는 길이다.

(11) 보살의 큰 서원

佛子_야 菩薩_이 爾時_에 乃至施與畜生之食_을 一
搏一粒_{이라도} 咸作是願_{호대} 當令此等_{으로} 捨畜生
道_{하고} 利益安樂_{하야} 究竟解脫_{하야} 永度苦海_{하며}
永滅苦受_{하며} 永除苦蘊_{하며} 永斷苦覺_{하며} 苦聚苦
行_과 苦因苦本_과 及諸苦處_를 願彼衆生_이 皆得捨
離_니 菩薩_이 如是專心繫念一切衆生_{하야} 以彼善
根_{으로} 而爲上首_{하야} 爲其廻向一切種智_{니라}

"불자들이여, 보살이 그때에 축생에게까지 한 술의
밥과 한 톨의 곡식을 주더라도 다 이러한 서원誓願을 세

우되 '마땅히 이들로 하여금 축생의 길을 버리고 이익하고 안락하여 마침내는 해탈케 하되, 고통바다를 영원히 건너며, 괴로운 느낌[苦受]을 영원히 소멸하며, 괴로움의 쌓임을 영원히 제거하며, 괴로움의 감각을 영원히 끊으며, 괴로움의 무더기와 괴로움의 행行과 괴로움의 인因과 괴로움의 근본과 괴로운 곳을 저 중생들이 모두 다 여의기를'이라고 원함이니라. 보살이 이와 같이 전일한 마음으로 생각을 일체 중생에게 두고 저러한 선근을 상수上首를 삼아서 일체 종지에 회향廻向하느니라."

불자들이 공양할 때 외우는 오관게五觀偈라는 게송이 있다. 생반게生飯偈, 정식게淨食偈, 삼시게三匙偈, 절수게絶水偈, 수발게收鉢偈가 그것이다. 그중에 밥을 한 톨 덜어 귀신에게 주는 생반게生飯偈는 "여등귀신중 아금시여공 차식변시방 일체귀신공汝等鬼神衆 我今施與供 此食徧十方 一切鬼神供, 즉 그대 귀신들이여, 내가 지금 공양을 베푸노니 이 밥이 시방에 두루 하여 일체 귀신들에게 공양하여지이다."라는 뜻이다. 보살은 살아 있는 축생에게는 말할 것도 없이 심지어 보이지 않는 귀신에게까지 이와 같은 발원을 한다. 위의 경문은 한 톨의 밥으로 축생의 일체 고통이 소멸되기를 서원하는 것이다.

경문의 내용에서 괴로운 느낌[苦受]은 고苦의 자성이며, 괴로움의 쌓임은 오온이며, 괴로움의 감각은 미운 사람을 만나는 것과 사랑하는 사람과 헤어지는 것이며, 괴로움의 무더기는 사고四苦와 팔고八苦며, 괴로움의 행行은 죄업이며, 괴로움의 인因은 미혹이며, 괴로움의 근본은 탐욕이며, 괴로운 곳은 삼악도三惡道를 말한다.

(12) 보살이 모든 선근을 다 회향하다

보살 초발보리지심 보섭중생 수제선
菩薩이 初發菩提之心에 普攝衆生하야 修諸善

근 실이회향 욕령영리생사광야 득제
根하야 悉以廻向은 欲令永離生死曠野하고 得諸

여래무애쾌락 출번뇌해 수불법도 자
如來無礙快樂하며 出煩惱海하고 修佛法道하며 慈

심변만 비력광대 보사일체 득청정락
心徧滿하고 悲力廣大하야 普使一切로 得清淨樂하며

"보살이 처음 보리심을 내면서부터 중생들을 널리

거두어 닦은 선근을 모두 회향하느니라. 중생들로 하여금 나고 죽는 거친 벌판을 영원히 떠나 여래의 걸림 없는 쾌락을 얻게 하며, 번뇌의 바다에서 벗어나 불법의 도를 닦게 하며, 인자한 마음이 가득하고 가엾이 여기는 힘이 광대하여 널리 모든 이들로 하여금 청정한 낙을 얻게 하느니라."

불법을 믿고 공부한다는 것은 보리심을 내는 일이다. 보리심은 곧 불심佛心이다. 불심은 선근을 닦는 일이며, 중생들에게 선근을 닦게 하는 일이며, 또한 닦은 선근을 모두 회향하는 일이다. 회향하여 일체 중생들로 하여금 나고 죽는 거친 벌판을 영원히 떠나 여래의 걸림 없는 쾌락을 얻게 하는 일이다. 세속적인 번뇌의 바다에서 벗어나 오로지 불법의 도를 닦는 일이다. 그것으로 자비한 마음이 넓고 커서 일체 중생에게 아주 훌륭한 즐거움을 얻도록 하는 것, 이것이 보살이 선근을 회향하는 일이다.

수호선근　　친근불법　　출마경계　　입불
守護善根하고 **親近佛法**하며 **出魔境界**하고 **入佛**

경계　　단세간종　　식여래종　　주어삼세평
境界하며 **斷世間種**하고 **植如來種**하며 **住於三世平**

등법중　　보살마하살　여시소유이집당집현
等法中이니 **菩薩摩訶薩**이 **如是所有已集當集現**

집선근　　실이회향
集善根으로 **悉以廻向**이니라

"선근을 수호하고 불법을 친근케 하며, 마魔의 경계를 벗어나서 부처의 경계에 들게 하며, 세간世間의 씨를 끊고 여래의 종자를 심으며, 삼세의 평등한 법에 머물게 하느니라. 보살마하살은 이와 같이 이미 모았고, 장차 모으고, 지금 모으는 선근을 모두 회향하느니라."

또한 닦은 선근을 잘 수호하여 불법을 더욱 친하고 가까이해서 마군의 경계에서 벗어나 부처님의 경계에 들어가게 한다. 그렇게 되면 모든 중생들이 세간의 종자를 끊고 여래의 종성을 심게 된다. 삼세의 평등한 법에 머물러 과거 현재 미래에 모은 일체 선근을 남김없이 회향한다.

(13) 과거의 불보살이 행한 회향을 생각하다

復作是念_{호대} 如過去諸佛菩薩所行이 恭敬供養一切諸佛_{하며} 度諸衆生_{하야} 令永出離_{하며} 勤加修習一切善根_{하며} 悉以廻向_{하야} 而無所着_{하시니}

"다시 또 생각하기를, 지난 세상에 부처님이나 보살들이 모든 부처님께 공경하고 공양한 것은 모든 중생들을 제도하여 영원히 벗어나게 하고, 부지런히 닦아 익힌 일체 선근으로 모두 회향하되 집착한 데가 없느니라."

과거의 부처님과 보살들이 일체 모든 부처님께 공경하고 공양한 무수한 선근들은 일체 중생들을 제도하여 생사의 고통과 온갖 번뇌 무명에서 영원히 벗어나게 하려는 것이다. 또 일체 선근을 부지런히 닦아서 모두 다 회향하지만 집착하는 바가 없다.

소위 불 의 색　　　불 착 수　　　무 도 상　　　부 작 행
所謂不依色하고 不着受하고 無倒想하고 不作行

불 취 식　　　사 리 육 처　　　부 주 세 법　　　낙 출 세
하고 不取識하며 捨離六處하며 不住世法하며 樂出世

간
間하니라

"이른바 물질[色]을 의지하지 않고, 느낌[受]에 집착하지 않고, 전도된 생각[想]이 없고, 행行을 짓지 아니하고, 의식[識]을 취하지 아니하며, 육처六處를 떠나서 세간법에 머물지 아니하고 출세간법을 좋아함이니라."

보살이 선근을 닦아 회향하되 집착하는 바가 없는 것은 색수상행식色受想行識의 오온五蘊에 집착한 바가 없음을 말하며, 또 색성향미촉법色聲香味觸法의 육처六處에서도 멀리 떠나 세간법에 머물지 아니하며 출세간법에도 즐겨하지 않는 것을 말한다.

지 일 체 법　개 여 허 공　무 소 종 래　불 생 불
知一切法이 皆如虛空하야 無所從來며 不生不

멸　　무 유 진 실　　무 소 염 착　　원 리 일 체 제 분
滅이며 無有眞實이며 無所染着하야 遠離一切諸分

별 견　　부 동 부 전　　불 실 불 괴　　주 어 실 제
別見하야 不動不轉하며 不失不壞하며 住於實際하사

무 상 이 상　　유 시 일 상　　여 시 심 입 일 체 법 성
無相離相하야 唯是一相이라 如是深入一切法性하야

상 락 습 행 보 문 선 근　　실 견 일 체 제 불 중 회
常樂習行普門善根하사 悉見一切諸佛衆會하시나니라

"일체 법이 허공과 같아서 온 곳이 없으며, 나지도 않
고 멸하지도 않으며, 진실도 없으며, 물들고 집착한 바
도 없어서 일체 모든 분별하는 소견을 멀리 떠나서 움
직이지 않고, 바뀌지도 않으며, 잃지도 않고 무너지지
도 않으며, 실제에 머물러서 상相도 없고 상을 떠남도
없어서 오직 한 가지 모양일 따름이니라. 이와 같이 일
체 법의 성품에 깊이 들어가고 넓은 문의 선근을 항상
즐겁게 닦아 행하여 일체 모든 부처님의 대중 모임을
모두 다 보느니라."

반야심경에서 "모든 법의 공적한 모양은 나지도 않고 소멸하지도 않으며, 더럽지도 않고 깨끗하지도 않으며, 더하지도 않고 감하지도 않는다."라고 하였다. 그것에 더하여 진실도 없으며, 물들고 집착한 바도 없어서 일체 모든 분별하는 소견을 멀리 떠났다고 하였다. 또 이와 같이 일체 법의 공한 성품에 깊이 들어가고 넓은 문의 선근을 항상 즐겁게 닦는다. 일체 모든 법의 성품이 공함을 알아야 선근을 항상 즐겁게 닦는다. 그래서 일체 모든 부처님의 대중 모임에 모두 들어가 동참하게 된다.

.

(14) 부처님이 회향하듯 나도 또한 회향하다

여 피 과 거 일 체 여 래　　선 근 회 향　　아 역 여 시
如彼過去一切如來의 **善根廻向**하야 **我亦如是**

이 위 회 향　　해 여 시 법　　증 여 시 법　　의 여 시
而爲廻向이니 **解如是法**하며 **證如是法**하며 **依如是**

법　　발 심 수 습　　불 위 법 상　　지 소 수 행　　여
法하야 **發心修習**호대 **不違法相**하야 **知所修行**이 **如**

幻^환如^여影^영하며 如^여水^수中^중月^월하며 如^여鏡^경中^중像^상이라 因^인緣^연和^화合^합

之^지所^소顯^현現^현하야 乃^내至^지如^여來^래究^구竟^경之^지地^지니라

"저 지난 세상의 일체 여래가 선근으로 회향한 것처럼 나도 또한 이와 같이 회향하되, 이와 같은 법을 알며, 이와 같은 법을 증득하며, 이와 같은 법을 의지하여 마음을 내어 닦아서 법의 모양을 어기지 아니하느니라. 닦는 행이 환영과 같고, 그림자 같고, 물속의 달과 같고, 거울 속의 영상과 같아서, 인因과 연緣이 화합하여 나타나는 것임을 알며, 마침내 여래의 구경의 경지에 이르느니라."

"부처님이 회향하듯 나도 또한 회향한다."에서 '나'란 금강당보살이 스스로를 일컫는 말이다. 그러나 금강당보살은 일체 보살의 수행과 회향을 다 포함하고 있어서 보살 전체를 뜻한다. 이와 같은 법이란 선근을 닦아 일체에 회향하는 법이다. 그러나 그 회향하는 법이란 선근을 닦는 행이 환영과 같고, 그림자 같고, 물속의 달과 같고, 거울 속의 영상과

같아서, 인因과 연緣이 화합하여 나타나는 것이다. 이와 같이 알고 선근을 닦아야 하며, 이와 같이 알고 회향해야 한다. 그래야 여래의 구경의 경지에 이르게 된다.

(15) 삼세의 부처님이 회향하듯 나도 또한 회향하다

불자　보살마하살　부작시념　여과거제
佛子야 **菩薩摩訶薩**이 **復作是念**호대 **如過去諸**

불　수보살행시　이제선근　여시회향　미
佛이 **修菩薩行時**에 **以諸善根**으로 **如是廻向**하야 **未**

래현재　실역여시　아금역응여피제불
來現在도 **悉亦如是**하시니 **我今亦應如彼諸佛**하야

여시발심　이제선근　이위회향
如是發心하야 **以諸善根**으로 **而爲廻向**이니라

"불자들이여, 보살마하살이 또 생각하기를, 과거의 부처님들이 보살행을 닦을 때에 모든 선근으로 이렇게 회향한 것처럼 미래와 현재도 역시 이와 같이 하시니, 나도 지금 저 모든 부처님들처럼 이와 같이 발심하여 모든 선근으로 회향하느니라."

삼세의 부처님이 회향하듯이 금강당보살도 또한 그렇게 회향한다. 제3 회향이 일체 부처님과 평등한 회향[等一切佛廻向]이라고 한 뜻이 여기에 있다. 그래서 "과거의 부처님들이 보살행을 닦을 때에 모든 선근으로 이렇게 회향한 것처럼 미래와 현재의 부처님도 역시 이와 같이 하시니, 나도 지금 저모든 부처님들처럼 이와 같이 발심하여 모든 선근으로 회향하느니라."라고 하였다. 그뿐만 아니라 모든 불자들도 보살행을 닦아서 일체 선근으로 이와 같이 회향해야 한다.

제 일 회 향　승 회 향　최 승 회 향　상 회 향　무
第一廻向과 勝廻向과 最勝廻向과 上廻向과 無

상 회 향　무 등 회 향　무 등 등 회 향　무 비 회 향
上廻向과 無等廻向과 無等等廻向과 無比廻向과

무 대 회 향　존 회 향　묘 회 향　평 등 회 향　정 직
無對廻向과 尊廻向과 妙廻向과 平等廻向과 正直

회 향　대 공 덕 회 향　광 대 회 향　선 회 향　청 정
廻向과 大功德廻向과 廣大廻向과 善廻向과 淸淨

회 향　이 악 회 향　불 수 악 회 향
廻向과 離惡廻向과 不隨惡廻向이니라

"첫째가는 회향이며, 수승한 회향이며, 가장 수승한 회향이며, 위가 되는 회향이며, 위없는 회향이며, 같을 이 없는 회향이며, 같을 이 없으면서 같은 회향이며, 비길 이 없는 회향이며, 대적할 이 없는 회향이며, 존중한 회향이며, 미묘한 회향이며, 평등한 회향이며, 정직한 회향이며, 큰 공덕 회향이며, 광대한 회향이며, 선한 회향이며, 청정한 회향이며, 악을 여읜 회향이며, 악을 따르지 않는 회향이니라."

자신이 가진 모든 능력과 재산과 지식과 지혜와 자비 등 일체 것을 다른 사람들과 다른 차원, 즉 깨달음과 진리[三處]에 회향하는 것은 곧 경에서 밝힌 대로 "첫째가는 회향이며, 수승한 회향이며, 가장 수승한 회향이며, 위가 되는 회향이며, 위없는 회향" 등등이 된다.

(16) 회향의 이익을 밝히다

보 살   여 시 이 제 선 근   정 회 향 이   성 취 청
菩薩이 如是以諸善根으로 正廻向已에 成就淸

淨身語意業하야 住菩薩住하며 無諸過失하야 修習

善業하며 離身語惡하야 心無瑕穢하며 修一切智하야

住廣大心하며 知一切法無有所作하며 住出世法하야

世法不染하며 分別了知無量諸業하며 成就廻向

善巧方便하며 永拔一切取着根本이니라

"보살이 이와 같이 선근으로써 올바르게 회향하고는, 몸과 말과 뜻이 청정한 업을 성취하여 보살의 자리에 머물며, 모든 허물이 없으며, 선한 업을 닦으며, 몸과 말의 악惡을 떠나서 마음에 때와 더러움이 없으며, 일체 지혜를 닦아 광대한 마음에 머물며, 일체 법이 지을 것 없음을 알고, 출세간법에 머물러 세간법이 물들이지 못하며, 한량없는 업을 분별하여 알아서 회향하는 좋은 방편을 성취하며, 일체 집착하는 근본을 영원히 빼어 버리느니라."

보살이 선근을 닦아 중생과 깨달음과 진리, 이 삼처三處에 회향하면 몸과 말과 뜻이 청정한 업을 성취하여 보살의 자리에 머물게 된다. 나아가서 출세간법에 머물러 세간법이 물들이지 못한다. 이와 같은 등의 온갖 이익이 있다. 어찌 회향하지 않겠는가.

(17) 제3 회향의 과위果位를 밝히다

佛^불子^자야 是^시爲^위菩^보薩^살摩^마訶^하薩^살의 第^제三^삼等^등一^일切^체佛^불廻^회

向^향이니라 菩^보薩^살摩^마訶^하薩^살이 住^주此^차廻^회向^향하야 深^심入^입一^일切^체諸^제

如^여來^래業^업하며 趣^취向^향如^여來^래勝^승妙^묘功^공德^덕하며 入^입深^심淸^청淨^정智^지

慧^혜境^경界^계하며

"불자들이여, 이것이 보살마하살의 일체 부처님과 동등한 제3 회향이니라. 보살마하살이 이 회향에 머무르면 일체 여래의 업에 깊이 들어가며, 여래의 수승하고

미묘한 공덕에 나아가며, 깊고 청정한 지혜의 경계에 들어가느니라."

일체 부처님과 동등한 제3 회향의 공덕과 과위를 밝혔다. 이 회향에 머물면 일체 여래의 업에 깊이 들어간다. 보살이 회향으로 일체 여래의 업에 깊이 들어가서 여래와 같은 일을 한다. 또 여래의 수승하고 미묘한 공덕에 나아간다. 즉 여래가 가진 모든 공덕으로 자신의 공덕을 삼는다. 그래서 깊고 청정한 지혜의 경계에 들어가서 여래의 지혜와 같아진다.

불 리 일 체 제 보 살 업   선 능 분 별 교 묘 방 편
不離一切諸菩薩業하며 善能分別巧妙方便하며

입 심 법 계   선 지 보 살 수 행 차 제   입 불 종 성
入深法界하야 善知菩薩修行次第하며 入佛種性하며

이 교 방 편   분 별 요 지 무 량 무 변 일 체 제 법   수
以巧方便으로 分別了知無量無邊一切諸法하며 雖

부 현 신   어 세 중 생   이 어 세 법   심 무 소 착
復現身하야 於世中生이나 而於世法에 心無所着이니라

"모든 보살의 업을 여의지 아니하며, 교묘한 방편을 잘 분별하며, 깊은 법계에 들어가 보살의 수행하는 차례를 잘 알며, 부처님의 종성에 들어가 공교한 방편으로 한량없고 그지없는 모든 법을 분별하여 잘 알아서 비록 다시 몸을 나타내어 세상에 태어나지마는 세상법에 마음이 집착하지 않느니라."

보살의 업이란 무엇인가. 선근을 닦아 일체 중생에게 회향하며, 깨달음에 회향하며, 진리에 회향하는 일이다. 교묘한 방편을 잘 알며, 보살의 수행하는 차례를 잘 안다. 무엇보다 이 회향의 과위는 부처님의 종성에 들어가 공교한 방편으로 한량없고 그지없는 모든 법을 분별하여 잘 아는 일이다. 즉 부처님의 대를 이어 영원히 부처님의 종성이 끊어지지 않게 한다. 그리고 보살이 비록 몸을 다시 나타내어 세상에 태어나더라도 세상법에 마음이 집착하지 않고 오로지 보살행으로 삶을 살게 된다. 이것이 제3 회향의 과위이다. 여기까지 제3 등일체불회향等一切佛廻向의 장문을 마치고 게송으로 이어진다.

(18) 금강당보살이 게송을 설하다

이 시　금 강 당 보 살　승 불 신 력　　보 관 시 방
爾時에 金剛幢菩薩이 承佛神力하사 普觀十方

즉 설 송 언
하고 卽說頌言하사대

　　그때에 금강당보살이 부처님의 위신력을 받들어 시
방을 널리 관찰하고 게송으로 말하였습니다.

　　1〉회향廻向의 이름을 해석하다

피 제 보 살 마 하 살　　수 과 거 불 회 향 법
彼諸菩薩摩訶薩이　　修過去佛廻向法하며

역 학 미 래 현 재 세　　일 체 도 사 지 소 행
亦學未來現在世에　　一切導師之所行이로다

저러한 모든 보살마하살이

지나간 부처님의 회향을 닦고

또한 미래세상 현재세상의

일체 도사들의 행하시던 회향도 또한 배우도다.

　　제3 등일체불회향을 금강당보살이 게송으로 다시 설하

는 내용이다. 십회향보살들은 과거의 모든 부처님이 닦으신 회향법을 닦고 다시 미래 부처님 현재 부처님 등 일체 부처님이 행하신 바의 회향하는 법을 남김없이 모두 배운다.

2〉 경계에 대한 회향

어 제 경 계 득 안 락
於諸境界得安樂하니

제 불 여 래 소 칭 찬
諸佛如來所稱讚이라

광 대 광 명 청 정 안
廣大光明淸淨眼으로

실 이 회 향 대 총 철
悉以廻向大聰哲이로다

모든 경계에서 안락을 얻어

모든 부처님 여래들의 칭찬을 받고

넓고 큰 광명의 청정한 눈으로

모두 다 회향하여 총명하고 현철하도다.

보고 듣고 느끼고 하는 모든 경계에서 안락을 얻으려면 두 가지에서 공성空性을 보아야 한다. 첫째 '나'에서 공성을 보고 다음에는 '너'에서 공성을 보아야 한다. 여기에서 '너'란 곧 '나'를 제외한 모든 객관이다. 세상과 우주만유를 한마디로 정리하면 '나'와 '너'뿐이다. 이 두 가지에서 공성을 보지 못하면 안락을 얻을 수 없다. 일체 존재의 공성을 알지 못하면 모든 여래가 칭찬할 리 없다. 넓고 큰 광명도 기대할 수 없으며 청정한 눈도 얻을 수 없다. 무엇이 청정한 눈인가? '나'와 '너'를 공空으로 보는 눈을 말한다. 존재의 공성을 보지 못하면 어떻게 회향하며, 어떻게 보살이라 하겠으며, 어떻게 현철한 사람이라 하겠는가. 이것이 경계를 공으로 보는 경계에 대한 회향이다.

보 살 신 근 종 종 락   안 이 비 설 역 부 연
菩薩身根種種樂이요   眼耳鼻舌亦復然이라

여 시 무 량 상 묘 락   실 이 회 향 제 최 승
如是無量上妙樂으로   悉以廻向諸最勝이로다

보살들의 신근身根이 가지가지가 안락하거든
눈과 귀와 코와 혀도 또한 그러해
이와 같이 한량없이 묘한 낙으로
가장 수승한 모든 일에 회향하도다.

몸과 눈과 귀와 코와 혀가 안락하려면 몸이 공함을 알아야 한다. 눈과 눈의 대상이 공함을 알아야 한다. 코와 코의 대상이 공함을 알아야 한다. 혀와 혀의 대상이 공함을 알아야 한다. '나'인 주관과 '너'인 객관이 모두 공하지 않으면서 어찌 가지가지가 안락하겠는가. 이것이야말로 한량없고 미묘한 즐거움이다. 또한 이것이 가장 수승한 경지에 회향함이다.

일 체 세 간 중 선 법　　　　급 제 여 래 소 성 취
一切世間衆善法과　　**及諸如來所成就**를

어 피 실 섭 무 유 여　　　　진 이 수 희 익 중 생
於彼悉攝無有餘하야　　**盡以隨喜益衆生**이로다

일체 세간의 여러 가지 선한 법들과
여래께서 성취하신 모든 공덕을
저기에 남김없이 모두 다 거둬
따라서 기뻐하며 중생을 이익하게 하도다.

세간의 여러 가지 선한 법들 중에는 공리空理, 즉 모든 존

재의 공한 이치가 가장 수승하다. 모든 부처님과 보살은 이 모든 존재의 공한 이치를 터득하여 깨달음을 얻었으며 열반을 얻었다. 그래서 반야심경에서는 "관자재보살이 깊은 반야바라밀다를 행할 때에 몸도 마음도 일체 경계도 모두 텅 비어 공하다는 사실을 깨달아 알고 일체의 고뇌에서 벗어났다."고 하였다. 이것이 여래가 성취하신 공덕이며, 모든 보살이 성취하신 공덕이며, 일체 중생을 기쁘게 하고 이익하게 하는 유일한 길이다.

세 간 수 희 무 량 종
世間隨喜無量種이라

영 차 회 향 위 중 생
令此廻向爲衆生하며

인 중 사 자 소 유 락
人中獅子所有樂을

원 사 군 맹 실 원 만
願使群萌悉圓滿이로다

세간에 기쁠 것이 가지가진데
이 회향으로 하여금 중생 위하니
사람 중의 사자께서 가지신 낙樂을
중생들로 하여금 원만케 하리.

세간에는 기쁠 것이 실로 가지가지다. 고통의 대가로 얻는 기쁨도 있고 기쁨 뒤에 반드시 고통이 따르는 그런 기쁨도 있다. 뛰어난 선근을 닦아 일체 중생에게 회향하는 기쁨은 사람 중의 사자이신 부처님의 기쁨이다. 불보살이 닦은 뛰어난 선근이란 일체 존재가 모두 공하다는 공리空理를 일체 중생에게 깨닫게 하여 회향하는 일이다. 이러한 회향으로 일체 중생을 원만하게 한다면 세상에서 탐욕과 분노와 어리석음으로 인하여 벌어지는 살상과 투쟁과 갈등은 사라질 것이다.

일 체 국 토 제 여 래　　　　범 소 지 견 종 종 락
一切國土諸如來의　　　　凡所知見種種樂을

원 령 중 생 개 실 득　　　　이 위 조 세 대 명 등
願令衆生皆悉得하야　　　而爲照世大明燈이로다

일체 국토 모든 여래의

아시고 보시는 가지가지 낙을

원컨대 모든 중생 모두 다 얻게 하여

세상을 비춰 주는 큰 등불 되소서.

시방의 일체 세계 일체 여래께서 터득하신 일체 존재의 공성으로 즐기는 낙을 모든 중생들에게 남김없이 다 얻게 한다면 부처님과 보살들의 소원이 만족할 것이다. 일체 존재의 공성은 누가 새롭게 만든 것이 아니다. 우주가 생기기 이전부터 있던 이치이다. 부처님과 보살들은 이미 있던 이치를 깨달아 중생에게 회향하는 것이다. 이것이야말로 세상을 밝게 비추는 지혜의 큰 등불이며, 지혜의 보름달이며, 지혜의 눈부신 태양이다.

보 살 소 득 승 묘 락
菩薩所得勝妙樂을

실 이 회 향 제 군 생
悉以廻向諸群生하니

수 위 군 생 고 회 향
雖爲群生故廻向이나

이 어 회 향 무 소 착
而於廻向無所着이로다

보살이 얻으신 수승하고 미묘한 낙을
모두 다 중생들께 회향하나니
비록 중생을 위하여 회향하지만
그러나 회향에는 집착하는 바 없도다.

보살이 선근을 닦아 수승하고 미묘한 낙을 얻고, 그 낙을 다시 중생에게 모두 다 회향한다. 그러나 그 회향하는 성스러운 일에 대하여 일체 집착하는 바가 없다. 만약 집착하는 바가 있으면 그것은 보살의 회향이 아니다.

3〉 더욱 나아가는 회향

보 살 수 행 차 회 향
菩薩修行此廻向에

홍 기 무 량 대 비 심
興起無量大悲心호대

여 불 소 수 회 향 덕
如佛所修廻向德하야

원 아 수 행 실 성 만
願我修行悉成滿이로다

보살이 이 회향을 닦아 행하고
한량없는 대비심을 일으켜서
부처님이 닦으신 회향의 공덕과 같이
나도 닦아 행하여 모두 만족하기 원하도다.

선근을 닦아 회향하는 일을 쉼 없이 함으로 한량없는 대비심을 일으키게 된다. 나아가서 부처님이 닦으신 회향의 공덕과 같아지기를 서원하게 된다. 이것이 더욱 나아가는 회향이다.

여 제 최 승 소 성 취
如諸最勝所成就_한

일 체 지 승 미 묘 락
一切智乘微妙樂_과

급 아 재 세 지 소 행
及我在世之所行_과

제 보 살 행 무 량 락
諸菩薩行無量樂_과

가장 수승한 이가 성취하심과 같은

일체 지혜의 미묘한 낙과

그리고 내가 세상에서 행한 바와

모든 보살행이 행한 무량한 낙과

시 입 중 취 안 은 락
示入衆趣安隱樂_과

항 수 제 근 적 정 락
恒守諸根寂靜樂_을

실 이 회 향 제 군 생
悉以廻向諸群生_{하야}

보 사 수 성 무 상 지
普使修成無上智_{로다}

모든 갈래 들어가 편안하게 하는 낙과

모든 근根을 잘 지키어 고요한 낙을

모두 다 중생에게 회향하여서

위없는 지혜를 이루게 하도다.

선근을 닦아 회향하는 일은 불자로서 또는 수행자로서 더없는 즐거움이다. 부처님이 선근을 닦아 성취한 일체 지혜의 미묘한 즐거움과 그것을 따라 세상에 행한 것과 보살이 행한 무량한 보살행의 즐거움과 모든 갈래에 들어가 편안하게 하는 즐거움과 모든 근根을 잘 지키어 고요한 즐거움을 다시 또 중생에게 회향하여 가장 높은 지혜를 이루게 한다.

비 신 어 의 즉 시 업
非身語意卽是業이나

역 불 리 차 이 별 유
亦不離此而別有니

단 이 방 편 멸 치 명
但以方便滅癡冥하야

여 시 수 성 무 상 지
如是修成無上智로다

몸과 말과 뜻도 업業이 아니며

이것을 떠나서도 있지 않지만

다만 방편으로 어리석음 없애 버리면

이와 같이 무상無上지혜 닦아 이루네.

업이란 몸과 말과 뜻으로 짓는 것이지만 몸과 말과 뜻이 곧 업은 아니다. 그렇다고 해서 몸과 말과 뜻을 떠나서 업이 있는 것도 아니다. 다만 어리석음만 없애 버린다면 가장 높은 지혜를 닦아 이루게 된다. 어리석음은 없는 것을 있는 것으로 보는 데서 생긴다. 그로 인하여 업을 짓는 것이다.

4〉 쌓은 회향

보 살 소 수 제 행 업
菩薩所修諸行業이

적 집 무 량 승 공 덕
積集無量勝功德하야

수 순 여 래 생 불 가
隨順如來生佛家호대

적 연 불 란 정 회 향
寂然不亂正廻向이로다

보살이 닦아 행한 모든 업으로

한량없이 좋은 공덕 쌓아 모으고

여래를 수순하여 불가佛家에 태어나니

고요하고 산란 없는 바른 회향이로다.

업에는 부정적인 업도 있지만 보살업菩薩業이나 불업佛業과 같은 긍정적인 업도 적지 않다. 보살이 닦아 행한 업으로 한량없이 좋은 공덕을 쌓아 모으고, 나아가서 여래를 수순하여 불가佛家에 태어나니 고요하여 산란함이 없는 바른 회향이 된다.

시 방 일 체 제 세 계
十方一切諸世界에

소 유 중 생 함 섭 수
所有衆生咸攝受하고

실 이 선 근 회 향 피
悉以善根廻向彼하야

원 령 구 족 안 은 락
願令具足安隱樂이로다

시방 일체 모든 세계에

살고 있는 중생들 모두 거두어

모든 선근 저들에게 회향하여서

편안한 즐거움 갖추기를 원하도다.

보살의 서원은 시방의 모든 세계에 있는 일체 중생들을 다 섭수하여 선근으로써 그들에게 회향하는 것이다. 그래서 중생들이 모두 편안한 즐거움을 갖추어 즐겁게 살기를 바라는 것이다.

불 위 자 신 구 이 익
不爲自身求利益이요
욕 령 일 체 실 안 락
欲令一切悉安樂호대

미 증 잠 기 희 론 심
未曾暫起戱論心하고
단 관 제 법 공 무 아
但觀諸法空無我로다

나를 위해 이익을 구하지 않고

일체 중생 모두 다 안락하게 하려고

희론戱論의 마음은 잠깐도 내지 않으며

다만 제법이 공하고 무아無我임을 관찰하도다.

　보살이 자신의 이익을 구하지 않고 일체 중생들을 안락
하게 하려면 근본적으로 세속적인 희론의 마음을 내지 않아
야 한다. 희론의 마음이란 어리석어서 편견에 치우치는 일이
다. 세상의 어떤 주의 주장이나 사상이나 보수니 진보니 하
는 견해에 치우치지 않아야 한다. 무엇보다 제법의 공성空性
을 잘 알아 무상하고 무아임을 관찰해서 체득하여야 보살
의 회향행이 자유로워진다. 불교의 견해란 없는 것을 없는
것으로 보는 것이고, 세속의 견해란 없는 것을 있는 것으로
잘못 보는 것이다. 그래서 무상과 무아와 공성을 그토록 노
래 불러도 이해되지 않는다.

5〉 경계를 상대한 선근 회향

시 방 무 량 제 최 승
十方無量諸最勝의

소 견 일 체 진 불 자
所見一切眞佛子를

실 이 선 근 회 향 피
悉以善根廻向彼하야

원 사 속 성 무 상 각
願使速成無上覺이로다

시방에 한량없는 가장 수승한

일체 진실한 불자들에게

모두 다 그들에게 선근으로 회향하여

하루빨리 가장 높은 깨달음 이루기를 원하도다.

공과 무상과 무아를 알아 실천하는 참다운 불자들, 그
들은 시방에 한량없이 많으며 가장 수승한 사람들이다. 보
살이 선근을 닦아 그들에게 회향하여 하루빨리 부처님이 이
루신 가장 높은 깨달음을 성취하기를 서원한다.

일 체 세 간 함 식 류
一切世間含識類를

등 심 섭 취 무 유 여
等心攝取無有餘하야

이 아 소 행 제 선 업
以我所行諸善業으로

영 피 중 생 속 성 불
令彼衆生速成佛이로다

일체 세간의 수많은 여러 중생들
평등한 마음으로 남김없이 모두 거두어
내가 행한 모든 선한 업으로
저 중생들이 속히 성불하여지이다.

게송을 설하고 있는 금강당보살이 이렇게 서원한다. "일체 세간의 수많은 여러 중생들을 평등한 마음으로 남김없이 모두 거두어 내가 행한 모든 선한 업으로 저 모든 중생들이 속히 성불하여지이다."

무 량 무 변 제 대 원
無量無邊諸大願이

무 상 도 사 소 연 설
無上導師所演說이니

원 제 불 자 개 청 정
願諸佛子皆淸淨하야

수 기 심 락 실 성 만
隨其心樂悉成滿이로다

한량없고 끝없는 크나큰 서원
가장 높은 도사께서 연설하신 것이니
바라건대 모든 불자 다 청정하여
좋아하는 마음대로 다 이루어지이다.

불보살의 중생을 위한 큰 서원은 한량없고 그지없다. 그것을 있는 대로 다 연설하신다. 화엄경의 대부분은 불보살의 중생을 위한 크나큰 서원들이다. 그 서원대로 다 이루어지기를 발원한다.

보 관 시 방 제 세 계
普觀十方諸世界하고

실 이 공 덕 시 어 피
悉以功德施於彼하야

원 령 개 구 묘 장 엄
願令皆具妙莊嚴하니

보 살 여 시 학 회 향
菩薩如是學廻向이로다

시방의 모든 세계 두루 살피고
온갖 공덕 모두 다 저들에게 베풀어서
묘한 장엄 골고루 이루어지기 발원하니
보살이 이와 같이 회향을 배우도다.

시방의 모든 세계를 두루 살피고 온갖 공덕을 모두 다 중생들에게 베풀게 되면 그 공덕은 한량이 없다. 그것으로 미묘한 장엄을 성취하게 되어 스스로를 장엄한다. 보살은 언제나 이와 같이 회향을 배운다.

심 불 칭 량 제 이 법
心不稱量諸二法하고

단 항 요 달 법 무 이
但恒了達法無二나

제 법 약 이 약 불 이
諸法若二若不二에

어 중 필 경 무 소 착
於中畢竟無所着이로다

마음으로 두 가지 법 일컫지 않고

다만 항상 둘 아닌 법을 밝게 통달해

모든 법이 둘이거나 둘 아니거나

그 가운데 끝까지 집착 않도다.

법의 본성은 원융해서 두 가지 모양도 없고 두 가지 법도 없다. 따라서 천차만별의 차별도 없는 것이 법의 본성이다. 우리들의 마음은 천차만별이 둘이 아닌 원융한 본성 자리를 밝게 통달하고 있다. 즉 천차만별의 현상과 그 천차만별이 궁극에 하나인 본성 자리를 아울러 통달하고 있기 때문에 필경에 집착이나 편견이 없다. 이것이 존재의 차별과 원융의 두 가지 문이다.

시 방 일 체 제 세 간
十方一切諸世間이

실 시 중 생 상 분 별
悉是衆生想分別이라

어 상 비 상 무 소 득   여 시 요 달 어 제 상
於想非想無所得하야   **如是了達於諸想**이로다

시방의 일체 모든 세간들
모두 다 중생의 생각으로 분별하는 것
생각도 생각 아닌 것도 얻을 것 없어
이와 같이 모든 생각을 밝게 아느니라.

　일체가 오직 마음 하나로 이루어졌다. 세상사가 아무리
넓고 크고 복잡하다 하더라도 역시 사람의 생각으로 분별한
다. 그런데 생각이나 생각 아니거나 그 근본을 찾아보면 아
무것도 얻을 것이 없다. 그렇다면 생각으로 발생한 일체 시
방세계도 궁극에는 얻을 수 없는 것이다. 근본이 없는 생각
위에 건립된 세계는 더욱 근본이 없기 때문이다.

6) 이익을 말하다

피 제 보 살 신 정 이   즉 의 청 정 무 하 예
彼諸菩薩身淨已에   **則意淸淨無瑕穢**하며

어 업 이 정 무 제 과   당 지 의 정 무 소 착
語業已淨無諸過하니   **當知意淨無所着**이로다

저 모든 보살의 몸이 이미 청정해지면
의업意業도 청정하여 때가 없으며
어업語業도 이미 청정하여 허물이 없으니
마땅히 알라. 뜻이 이미 청정하여 집착 없어라.

신구의 삼업이 모두 텅 비어 아무런 때나 허물이 없는 것,
이것이 회향의 이익이다. 청정이란 텅 비어 본래로 없다는 경
지이다. 본래로 텅 비어 없거늘 무슨 집착이 있겠는가.

7〉 과위果位를 말하다

일 심 정 념 과 거 불　　　　역 역 미 래 제 도 사
一心正念過去佛하고　　**亦憶未來諸導師**와

급 이 현 재 천 인 존　　　　실 학 어 기 소 설 법
及以現在天人尊하야　　**悉學於其所說法**이로다

일심으로 과거의 부처님을 바르게 생각하고
또한 미래의 모든 부처님을 생각하며
현재의 부처님도 생각하여
그분들이 설하신 법을 다 배우도다.

불교를 공부하는 사람은 먼저 삼보三寶에 귀의하여 삼보를 잊지 않고 자나 깨나 생각하는 일이다. 부처님을 생각하고 부처님의 가르침을 생각하고 스님을 생각해서 잊지 않는 것이다. 무엇보다 삼세의 모든 부처님, 즉 석가세존으로부터 모든 보살님과 역대 조사들과 그 모든 분의 가르침을 늘 생각하여 잊지 않는 것이다. 그것이 불자의 첫째 의무다.

삼 세 일 체 제 여 래　　　지 혜 명 달 심 무 애
三世一切諸如來가　　**智慧明達心無礙**하사대

위 욕 이 익 중 생 고　　　회 향 보 리 집 중 업
爲欲利益衆生故로　　**廻向菩提集衆業**이로다

삼세 일체 모든 여래께서
지혜가 밝게 통달하여 마음에 걸림이 없어
중생들을 이익하게 하기 위하여
보리菩提에 회향하는 온갖 업을 모으도다.

삼세 일체 모든 여래께서 지혜가 밝게 통달하여 마음에 걸림이 없는 것은 무엇을 하기 위함인가. 중생들을 이익하게 하기 위함이다. 온갖 선한 업을 모아서 보리에 회향하는 것도 궁극에는 중생을 이익하게 하기 위함이다.

8〉 맺어서 찬탄하다

피 제 일 혜 광 대 혜
彼第一慧廣大慧와　　　불 허 망 혜 무 도 혜
不虛妄慧無倒慧와

평 등 실 혜 청 정 혜
平等實慧淸淨慧와　　　최 승 혜 자 여 시 설
最勝慧者如是說이로다

제일가는 지혜와 광대한 지혜와

허망하지 않은 지혜와 올바른 지혜와

평등하고 진실한 지혜와 청정한 지혜와

가장 수승한 지혜 있는 이가 이와 같이 설하도다.

　불교는 지혜의 종교다. 세존께서 6년간 고행하시고 깨달음을 이루신 것도 지혜를 성취하신 것이다. 그 지혜는 제일가는 지혜며 광대한 지혜며 허망하지 않은 지혜며 올바른 지혜며 평등하고 진실한 지혜며 청정한 지혜며 가장 수승한 지혜다. 깨달음으로 얻은 지혜가 얼마나 밝고 얼마나 훌륭하고 얼마나 뛰어나기에 세존의 지혜를 이와 같이 표현하였을까. 제3 등일체불회향等一切佛廻向의 장문과 게송을 설하여 마쳤다.

6) 제4 지일체처회향至一切處廻向

(1) 보살의 선근으로 일체 처에 이르다

불자   운하위보살마하살   지일체처회향
佛子야 云何爲菩薩摩訶薩의 至一切處廻向고

불자   차보살마하살   수습일체제선근시   작
佛子야 此菩薩摩訶薩이 修習一切諸善根時에 作

시념언   원차선근공덕지력   지일체처
是念言호대 願此善根功德之力으로 至一切處니

"불자들이여, 무엇을 보살마하살의 일체 처에 이르는 회향이라 하는가. 불자들이여, 이 보살마하살이 일체 모든 선근을 닦을 때에 이런 생각을 하나니 '원컨대 이 선근 공덕의 힘으로 일체 처에 이르러지이다.'라고 하느니라."

제4 지일체처회향至一切處廻向이란 보살이 닦은 선근이 그 선근 공덕으로 일체 모든 곳에 이르러지기를 서원하는 것이다. 보살이 닦은 선근이 어떤 특정한 곳에만 이르고 나머지 다른 곳에는 이르지 못한다면 그것은 대승보살의 뜻이 아니다. 편협한 소승의 뜻이다. 제4 회향은 그것을 밝힌 내용이다.

비여실제　　무처부지　　지일체물　　지일
譬如實際가 **無處不至**하야 **至一切物**하며 **至一**

체세간　　지일체중생　　지일체국토　　지일
切世間하며 **至一切衆生**하며 **至一切國土**하며 **至一**

체법　　지일체허공　　지일체삼세　　지일체
切法하며 **至一切虛空**하며 **至一切三世**하며 **至一切**

유위무위　　지일체어언음성
有爲無爲하며 **至一切語言音聲**인달하야

"·비유하자면 마치 실제實際가 이르지 못하는 데가 없어서 일체 물건에 이르고, 일체 세간에 이르고, 일체 중생에게 이르고, 일체 국토에 이르고, 일체 법에 이르고,

일체 허공에 이르고, 일체 삼세에 이르고, 일체 유위有爲
와 무위無爲에 이르고, 일체 말과 음성에 이르는 것과 같
아지이다.' 라고 하느니라."

　이르지 않는 곳이 없는 실제實際란 곧 진리다. 진리는 참
다운 이치로서 모든 유상 무상의 존재에 다 있는 것이다. 그
러므로 실제實際를 비유로 들었다. 일체 사물과 세간과 중생
과 국토와 법과 허공까지 이르지 않는 데가 없듯이 보살이
닦은 선근도 이와 같이 곳곳에 다 이르러 중생을 행복하게
하기를 서원하는 것이다.

　　원차 선근　　역 부 여 시　　변 지 일 체 제 여 래 소
　　願此善根도　亦復如是하야　偏至一切諸如來所

　　공 양 삼 세 일 체 제 불　　과 거 제 불　　소 원 실 만
하야 供養三世一切諸佛호대 過去諸佛이 所願悉滿

　　미 래 제 불　　구 족 장 엄　　현 재 제 불　　급 기
하시며 未來諸佛이 具足莊嚴하시며 現在諸佛과　及其

국 토　　도 량 중 회　　변 만 일 체 허 공 법 계
國土와 道場衆會와 偏滿一切虛空法界하시니

"'원컨대 이 선근도 또한 이와 같아서 일체 여래가 계신 데에 두루 이르러 삼세의 모든 부처님께 공양하되, 과거의 모든 부처님들은 소원을 다 만족하고, 미래의 모든 부처님들은 장엄을 구족하고, 현재의 모든 부처님과 그 국토와 도량에 모인 대중에게와 일체의 허공과 법계에 가득하기를 원하느니라.' 라고 하느니라."

　　보살이 닦은 선근이 일체 삼세 부처님과 부처님의 국토와 부처님의 법회 대중에게까지 두루두루 이르기를 서원하는 것이다.

　　　원 이 신 해 대 위 력 고　　광 대 지 혜 무 장 애 고
　　願以信解大威力故며　廣大智慧無障礙故며

일 체 선 근 실 회 향 고　　이 여 제 천 제 공 양 구　　이
一切善根悉廻向故로　以如諸天諸供養具로　而

위 공 양　　충 만 무 량 무 변 세 계
爲供養하야　充滿無量無邊世界니라

　　"'바라건대 믿고 이해하는 큰 위덕의 힘인 연고와, 광

대한 지혜가 장애함이 없는 연고와, 일체 선근을 모두
회향한 연고로, 하늘에 있는 모든 공양거리와 같은 공
양이 한량없고 그지없는 세계에 충만하여지이다.'라고
하느니라."

보살이 닦은 선근이 일체 처에 이르는 까닭을 밝혔다. 믿
고 이해하는 큰 위덕의 힘이며, 광대한 지혜가 장애가 없기
때문이며, 일체 선근을 다 회향하기 때문이다. 그래서 마치
모든 하늘의 온갖 공양과 같은 공양구로써 공양하여 무량
무변한 세계에 충만하게 하는 것이다.

(2) 부처님의 갖가지 업業으로 생긴 모든 것

불자 보살마하살 부작시념 제불세존
佛子야 菩薩摩訶薩이 復作是念호대 諸佛世尊이

보변일체허공법계 종종업소기 시방불가
普徧一切虛空法界와 種種業所起인 十方不可

설일체세계종세계 불가설불국토 불경계
說一切世界種世界와 不可說佛國土와 佛境界와

종 종 세 계　　무 량 세 계　　무 분 제 세 계　　전 세 계
種種世界와 **無量世界**와 **無分齊世界**와 **轉世界**와

측 세 계　　앙 세 계　　복 세 계
側世界와 **仰世界**와 **覆世界**하사

"불자들이여, 보살마하살이 또 생각하기를, 모든 부처님 세존이 일체 허공법계와 갖가지 업으로 생긴 시방의 말할 수 없는 일체 세계종世界種의 세계와 말할 수 없는 부처님의 국토와 부처님의 경계와 가지가지 세계와 한량없는 세계와 구분이나 제한이 없는 세계[無分齊]와 회전하는[轉] 세계와 곁에 있는[側] 세계와 위를 향한[仰] 세계와 엎어진[覆] 세계에 널리 두루 하시니라."

보살이 생각하는, 모든 부처님 세존께서 일체 허공법계에 두루 계심을 밝혔다. 부처님이 계시는 여러 가지 세계를 소개하였는데 드넓은 우주에 펼쳐져 있는 무한한 세계의 가지가지 형상을 마치 눈앞에서 본 듯이 설명하고 있다. 우리가 사는 이 태양계만 하더라도 태양을 위시해서 아홉 개의 별이 있다. 수성, 금성, 지구, 화성, 목성, 토성, 천왕성, 해왕성이 그것이다. 달은 지구에 딸려 있어서 태양계에 속한

별로 취급하지도 않는다.

　그런데 태양은 우리가 밤하늘을 쳐다보고 은하수라 부
르는 우리 은하를 이루는 수백, 수천만 개의 별들 가운데 하
나일 뿐이다. 또 우리 은하는 우주를 맴도는 수백, 수십억,
수조 개의 은하계 가운데 하나다. 이와 같이 전전히 확대해
서 살펴보면 무한한 우주가 있다. 그 무한한 우주에는 경전
에서 설하는 별별 세계가 또 무한히 있다는 것을 알 수 있
다. 이와 같이 많고 많은 세계에 부처님 세존이 두루 계신
다. 그대로가 부처님으로 계시고 그대로가 진리로서 존재
한다.

여 시 일 체 제 세 계 중　　현 주 어 수　　　시 현 종 종
如是一切諸世界中에 現住於壽하사 示現種種

신 통 변 화　　　피 유 보 살　　이 승 해 력　　　위 제 중
神通變化어시든 彼有菩薩이 以勝解力으로 爲諸衆

생　감 수 화 자　　어 피 일 체 제 세 계 중　　현 위 어
生의 堪受化者하야 於彼一切諸世界中에 現爲如

래　　출 흥 어 세
來하야 **出興於世**하야

"이와 같은 일체 모든 세계에서 오래 머무시어 갖가
지 신통변화를 나타내 보이시는데, 저 어떤 보살은 훌
륭하게 이해하는 힘으로써 교화를 받을 만한 중생들을
위하여 저 일체 모든 세계 중에서 여래로 화현하여 세
상에 출현하느니라."

제불세존이 이와 같이 각양각색의 세계에 머물고 가지가
지 변화를 나타내는데, 또 어떤 보살은 수승한 이해의 힘으
로 모든 중생들을 교화하기 위하여 일체 모든 세계에 여래가
되어 출현한다. 중생을 교화하기 위해서라면 보살이 어떤 역
할인들 못하겠는가.

이 지 일 체 처 지　　보 변 개 시 여 래　　무 량 자 재 신
以至一切處智로 **普徧開示如來**의 **無量自在神**

력　　법 신 변 왕　　무 유 차 별　　평 등 보 입 일 체
力호대 **法身徧往**하야 **無有差別**하며 **平等普入一切**

법계   여래장신   불생불멸   선교방편
法界하며 如來藏身이 不生不滅일새 善巧方便으로

보현세간
普現世間하나니라

　"일체 처에 이르는 지혜로 여래의 무량하고 자재한
신력을 널리 열어 보이시며, 법신이 두루 나아가서 차
별이 없으며, 일체 법계에 평등하게 들어가며, 여래장
신如來藏身이 나타나지도 않고 멸하지도 않지마는 공교한
방편으로 세간에 널리 나타나느니라."

　보살은 그렇게 출현하여 일체 처에 이르는 지혜로 여래
의 무량하고 자재한 신력을 널리 열어 보이며 중생들을 교
화한다.

증법실성   초일체고   득불퇴전무애력고
證法實性하야 超一切故며 得不退轉無礙力故며

생어여래무장애견   광대위덕종성중고
生於如來無障礙見과 廣大威德種性中故니라

"법의 진실한 성품을 증득하여 일체를 초월한 연고며, 퇴전하지 않고 걸림 없는 힘을 얻은 연고며, 여래의 장애가 없는 지견과 광대한 종성種性 가운데에 태어난 연고이니라."

보살이 여래의 모습으로 출현하여 일체 처에 이르러 중생을 교화하는 까닭을 밝혔다. 법의 진실한 성품을 증득하여 일체를 초월한 연고며, 퇴전하지 않고 걸림 없는 힘을 얻은 연고며, 여래의 장애가 없는 지견과 광대한 종성種性 가운데 태어난 연고로 보살이 이와 같이 화현하여 교화하는 것이다.

(3) 부처님께 공양하기를 원하다

불 자　　보 살 마 하 살　　이 기 소 종 일 체 선 근
佛子야 菩薩摩訶薩이 以其所種一切善根으로

원 어 여 시 제 여 래 소　　이 중 묘 화　　급 중 묘 향
願於如是諸如來所에 以衆妙華와 及衆妙香과

만개당번　의복등촉　급여일체제장엄구
鬘蓋幢幡과 **衣服燈燭**과 **及餘一切諸莊嚴具**로

이위공양　약불형상　약불탑묘　실역여
以爲供養하며 **若佛形像**과 **若佛塔廟**에도 **悉亦如**

시
是하니라

"불자들이여, 보살마하살이 그가 심은 바 모든 선근으로써 이와 같이 모든 여래의 처소에 여러 가지 아름다운 꽃과 여러 가지 묘한 향과 화만과 일산과 당기와 깃발과 의복과 등촉과 그밖의 일체 모든 장엄거리로써 공양하기를 서원하느니라. 또한 부처님의 형상이나 부처님의 탑묘에도 다 이와 같이 하느니라."

보살이 선근을 닦아 부처님께 공양하기를 원하는 내용이다. 여러 가지 공양거리로써 모든 여래의 처소에 공양하고, 나아가서 부처님의 형상과 탑묘에도 그와 같이 여러 가지로 공양하기를 원한다. 이 경문도 또한 세존이 열반에 드시고 나서 부처님을 대신해서 불상을 모시고 탑묘를 모시어 신앙과 예배의 대상으로 삼아 수행할 시기에 결집된 것임을

증명하는 내용이다.

(4) 부처님께 공양한 선근을 회향하다

이 차 선 근   여 시 회 향   소 위 불 란 회 향
以此善根으로 **如是廻向**하나니 **所謂不亂廻向**과

일 심 회 향   자 의 회 향   존 경 회 향   부 동 회 향
一心廻向과 **自意廻向**과 **尊敬廻向**과 **不動廻向**과

무 주 회 향   무 의 회 향   무 중 생 심 회 향   무 조 경
無住廻向과 **無依廻向**과 **無衆生心廻向**과 **無躁競**

심 회 향   적 정 심 회 향
心廻向과 **寂靜心廻向**이니라

"이런 선근으로써 이와 같이 회향하느니라. 이른바
산란치 않은 회향과 일심으로 하는 회향과 제 뜻으로
하는 회향과 존경하는 회향과 동動하지 않는 회향과 머
물지 않는 회향과 의지함이 없는 회향과 중생의 마음이
없는 회향과 조급한 마음이 없는 회향과 고요한 마음으
로 하는 회향이니라."

보살이 심은 일체 선근으로 부처님의 처소와 부처님의 탑

묘와 부처님의 형상에 여러 가지로 공양하고, 다시 그 선근
으로 회향하는 열 가지를 밝혔다. 제1은 망령된 생각을 내
지 않고, 제2는 바른 경계에 오로지 집중하고, 제3은 다른
사람의 말을 따르지 않는 등등의 회향이다.

(5) 삼세 부처님께 선근으로 회향하다

부작시념　　진법계허공계　거래현재일체
復作是念호대 **盡法界虛空界**에 **去來現在一切**

겁중제불세존　득일체지　　성보리도　　무
劫中諸佛世尊이 **得一切智**하사 **成菩提道**하사 **無**

량명자　각각차별　　어종종시　현성정각
量名字가 **各各差別**하야 **於種種時**에 **現成正覺**하사

실개주수　　진미래제　　일일각이법계장엄
悉皆住壽하사 **盡未來際**토록 **一一各以法界莊嚴**으로

이엄기신　　도량중회　주변법계　　일체국
而嚴其身하시며 **道場衆會**가 **周徧法界**하야 **一切國**

토　수시출흥　　이작불사
土에 **隨時出興**하사 **而作佛事**하시니라

"또 생각하기를 '온 법계 허공계에서 과거 미래 현재

의 모든 겁 동안에 모든 부처님 세존께서 일체 지혜를 얻어 보리를 이루시니라. 한량없는 이름이 각각 다른데 여러 시기에 출현하여 정각을 이루고 모두 다 오래 계시면서 오는 세월이 끝나도록 일일이 각각 법계의 장엄거리로 그 몸을 장엄하시니라. 도량에 모인 대중들도 법계에 가득하여 일체 국토에서 때를 따라 출현하여 불사佛事를 지으시느니라."

보살이 삼세 부처님께 선근으로 회향할 것을 가지가지로 빠짐없이 원하는 내용이다. 생각으로 원하는 바는 앞에서부터 계속하여 이어져 온다. 다시 또 생각하였다. 온 법계 허공계에서 과거 미래 현재의 모든 겁 동안에 모든 부처님 세존께서 일체 지혜를 얻어 보리를 이루시는 일과 또 도량에 모인 대중들도 법계에 가득하여 일체 국토에서 때를 따라 출현하여 불사佛事를 짓는 일들을 생각하여 보살이 닦은 선근으로 회향하는 내용을 밝혔다.

여 시 일 체 제 불 여 래   아 이 선 근   보 개 회 향
如是一切諸佛如來에 我以善根으로 普皆廻向

원 이 무 수 향 개   무 수 향 당   무 수 향 번   무
호대 願以無數香蓋와 無數香幢과 無數香幡과 無

수 향 장   무 수 향 망   무 수 향 상   무 수 향 광   무
數香帳과 無數香網과 無數香像과 無數香光과 無

수 향 염   무 수 향 운   무 수 향 좌   무 수 향 경 행 지
數香焰과 無數香雲과 無數香座와 無數香經行地

무 수 향 소 주 처   무 수 향 세 계   무 수 향 산   무
와 無數香所住處와 無數香世界와 無數香山과 無

수 향 해   무 수 향 하   무 수 향 수   무 수 향 의 복
數香海와 無數香河와 無數香樹와 無數香衣服과

무 수 향 연 화   무 수 향 궁 전
無數香蓮華와 無數香宮殿과

"이와 같은 일체 모든 부처님 여래께 내가 선근으로
모두 회향하리니, 원컨대 수없는 향 일산日傘과 수없는
향 당기와 수없는 향 깃발과 수없는 향 휘장과 수없는
향 그물과 수없는 향 형상과 수없는 향 광명과 수없는
향 불꽃과 수없는 향 구름과 수없는 향 평상과 수없는
향 경행經行하는 곳과 수없는 향의 머무는 곳과 수없는

향의 세계와 수없는 향 산과 수없는 향 바다와 수없는 향 강과 수없는 향 나무와 수없는 향 의복과 수없는 향 연꽃과 수없는 향 궁전이었느니라."

무수한 향香으로 된 공양거리와 장엄거리를 나열하였다. 심지어 머무는 곳과 세계와 산과 바다와 강까지도 향으로 되었음을 밝혔다. 이 모든 것으로 모든 부처님 세존께 공양하여 회향하는 것이다.

무 량 화 개　　광 설 내 지 무 량 화 궁 전　　무 변 만
無量華蓋와 廣說乃至無量華宮殿과 無邊鬘

개　　광 설 내 지 무 변 만 궁 전　　무 등 도 향 개　　광 설
蓋와 廣說乃至無邊鬘宮殿과 無等塗香蓋와 廣說

내 지 무 등 도 향 궁 전　　불 가 수 말 향 개　　광 설 내
乃至無等塗香宮殿과 不可數末香蓋와 廣說乃

지 불 가 수 말 향 궁 전　　불 가 칭 의 개　　광 설 내 지
至不可數末香宮殿과 不可稱衣蓋와 廣說乃至

불 가 칭 의 궁 전
不可稱衣宮殿과

"또한 한량없는 꽃 일산에서 한량없는 꽃 궁전까지며 그지없는 화만 일산에서 그지없는 화만 궁전까지며 짝 할 이 없는 바르는 향 일산에서 짝할 이 없는 바르는 향 궁전까지며 셀 수 없는 가루향 일산에서 셀 수 없는 가 루향 궁전까지며 일컬을 수 없는 옷 일산에서 일컬을 수 없는 옷 궁전까지니라."

이어서 또 한량없는 꽃 일산과 꽃 궁전과 화만 일산과 화 만 궁전 등으로 공양하여 회향한다.

불 가 사 보 개　　광 설 내 지 불 가 사 보 궁 전　　불
不可思寶蓋와 **廣說乃至不可思寶宮殿**과 **不**

가 량 등 광 명 개　　광 설 내 지 불 가 량 등 광 명 궁 전
可量燈光明蓋와 **廣說乃至不可量燈光明宮殿**과

불 가 설 장 엄 구 개　　광 설 내 지 불 가 설 장 엄 구 궁
不可說莊嚴具蓋와 **廣說乃至不可說莊嚴具宮**

전
殿과

"또 생각할 수 없는 보배 일산에서 생각할 수 없는 보

배 궁전까지며 헤아릴 수 없는 등 광명 일산에서 헤아릴 수 없는 등 광명 궁전까지며 말할 수 없는 장엄거리 일산에서 말할 수 없는 장엄거리 궁전까지니라."

또 생각할 수 없는 보배 일산에서 생각할 수 없는 보배 궁전까지 이루 다 헤아릴 수 없는 공양거리로 공양하여 회향한다.

불가설 불가설 마니 보 개   불가설 불가설 마
不可說不可說摩尼寶蓋와 不可說不可說摩

니보당   여시마니보번   마니보장   마니보
尼寶幢과 如是摩尼寶幡과 摩尼寶帳과 摩尼寶

망   마니보상   마니보광   마니보염   마니보
網과 摩尼寶像과 摩尼寶光과 摩尼寶焰과 摩尼寶

운   마니보좌   마니보경행지   마니보소주처
雲과 摩尼寶座와 摩尼寶經行地와 摩尼寶所住處와

마니보찰   마니보산   마니보해   마니보하
摩尼寶刹과 摩尼寶山과 摩尼寶海와 摩尼寶河와

마니보수　마니보의복　마니보연화　마니보
摩尼寶樹와 **摩尼寶衣服**과 **摩尼寶蓮華**와 **摩尼寶**

궁전　개불가설불가설
宮殿이 **皆不可說不可說**이니

"또 말할 수 없이 말할 수 없는 마니보배 일산과 말할 수 없이 말할 수 없는 마니보배 당기와 이와 같이 마니보배 깃발과 마니보배 휘장과 마니보배 그물과 마니보배 형상과 마니보배 광명과 마니보배 불꽃과 마니보배 구름과 마니보배 평상과 마니보배 경행하는 땅과 마니보배 머무는 곳과 마니보배 세계와 마니보배 산과 마니보배 바다와 마니보배 강과 마니보배 나무와 마니보배 의복과 마니보배 연꽃과 마니보배 궁전이 말할 수 없이 말할 수 없느니라."

다음은 마니보배로 된 일산과 당기와 깃발과 휘장과 그물에서 심지어 세계와 산과 바다와 강과 나무와 의복과 연꽃과 궁전들이다.

여 시 일 일 제 경 계 중　　각 유 무 수 난 순　　무 수
如是一一諸境界中에 各有無數欄楯과 無數

궁 전　　무 수 누 각　　무 수 문 달　　무 수 반 월　　무 수
宮殿과 無數樓閣과 無數門闥과 無數半月과 無數

각 적　　무 수 창 유　　무 수 청 정 보　　무 수 장 엄 구
却敵과 無數牕牖와 無數淸淨寶와 無數莊嚴具이든

이 여 시 등 제 공 양 물　　공 경 공 양 여 상 소 설 제 불
以如是等諸供養物로 恭敬供養如上所說諸佛

세 존
世尊하니라

"이와 같은 낱낱 경계 가운데 제각기 수없는 난간과
수없는 궁전과 수없는 누각과 수없는 문과 수없는 반달
과 수없는 망루[却敵]와 수없는 창호와 수없는 청정한 보
배와 수없는 장엄거리가 있으니, 이러한 공양할 모든
물건들로써 위에서 말한 바와 같은 모든 부처님 세존께
공경하여 공양하리라.' 라고 하느니라."

　보살이 생각하여 서원한 내용은 여기까지다. 그 많고 많
은 공양거리로 위에서 설한 모든 부처님 세존께 공경하고 공
양하여 회향하는 것이다.

(6) 중생에게 회향하다

원 령 일 체 세 간   개 득 청 정   일 체 중 생
願令一切世間으로 皆得淸淨하고 一切衆生으로

함 득 출 리   주 십 력 지   어 일 체 법 중   득 무
咸得出離하야 住十力地하야 於一切法中에 得無

애 법 명
礙法明하며

"원컨대 일체 세간이 다 청정하여지고, 일체 중생이
다 뛰어나서 십력+力의 지위에 머물러서 일체 법에서
걸림이 없는 법의 밝음[法明]을 얻게 하니라."

보살이 선근을 닦아 중생에게 회향하는 것을 밝혔다. 보
살이 닦은 선근으로 세상이 맑아지고 정직하고 밝아졌으면
하는 것이 보살의 소원이다. 또 일체 중생이 모두 생사의 고
통에서 벗어나고 부처님의 지위에 머물며 일체 법에서 걸림이
없는 법의 밝음[法明]을 얻기를 서원한다.

영 일 체 중 생   구 족 선 근   실 득 조 복   기
令一切衆生으로 具足善根하야 悉得調伏하며 其

심무량   등허공계   왕일체찰   이무소지
心無量하야 等虛空界하며 往一切刹호대 而無所至

　　　입일체토   시제선법
하며 入一切土하야 施諸善法하며

　"일체 중생이 선근을 구족하여 조복함을 얻으며, 그 마음이 한량없는 허공계와 같으며, 모든 세계에 가되 이를 바가 없으며, 일체 국토에 들어가서 모든 선한 법을 베푸느니라."

　중생은 선근으로 조복함을 얻고 선근으로 교화와 성숙과 제도를 얻는다. 이것이 선근으로 중생에게 회향함이다.

　　　상득견불   식제선근   성취대승   불착
常得見佛하야 植諸善根하며 成就大乘하야 不着

제법   구족중선   입무량행   보입무변일
諸法하며 具足衆善하야 立無量行하며 普入無邊一

체법계   성취제불신통지력   득어여래일
切法界하며 成就諸佛神通之力하며 得於如來一

체 지 지
切智智니라

　"항상 부처님을 뵈옵고 모든 선근을 심으며, 대승大乘을 성취하여 모든 법에 집착하지 않으며, 여러 가지 선善을 구족하여 한량없는 행을 세우며, 끝없는 온갖 법계에 두루 들어가서 모든 부처님들의 신통한 힘을 성취하며, 여래의 일체 지혜의 지혜를 얻어지이다 하느니라."

　선근이 있으므로 부처님을 뵙게 되고 다시 선근을 심게 된다. 또 대승법을 성취하면 성취한 모든 법에 집착이 없다. 또 여러 가지 선을 구족하여 한량없는 행을 행하게 된다. 나아가서 여래의 일체 지혜의 지혜를 얻게 된다.

(7) 선근으로 일체 불법을 널리 포섭하다

비 여 무 아　　보 섭 제 법　　　아 제 선 근　　역 부
譬如無我가 **普攝諸法**인달하야 **我諸善根**도 **亦復**

여 시　　　보 섭 일 체 제 불 여 래　　함 실 공 양　　　무
如是하야 **普攝一切諸佛如來**니 **咸悉供養**하야 **無**

유 여 고
有餘故머

"마치 무아無我가 모든 법을 두루 포섭하듯이 나의 모든 선근도 그와 같아서 일체 모든 부처님 여래를 포섭하나니, 모두 공양하여 남음이 없는 연고이니라."

부처님은 인생의 늙고 병들고 죽는 문제를 해결하려고 출가하여 수행하였다. 많은 스승을 만나고 고행을 하시다가 나중에 부다가야 보리수나무 밑에서 자신을 위시하여 모든 법이 무아[諸法無我]라는 사실을 깨닫고 늙고 병들고 죽는 문제에서 벗어났다. 늙을 '나'가 없고, 병들 '나'가 없고, 죽을 '나'가 없다는 사실을 깨달았기 때문이다. 부처님이 깨달은 이 제법무아의 이치는 만고불변의 진리[法印]이기 때문에 유형 무형의 모든 존재와 일체 법을 다 포섭한다. 미세먼지에서부터 사람, 천지만물, 지구, 태양, 은하, 우주에 이르기까지 무아無我가 아닌 것은 하나도 없다.

보살이 닦은 선근도 이 무아의 이치와 같아서 일체 모든 부처님을 다 포섭한다. 일체 모든 부처님께 빠짐없이 공양 공경하기 때문이다.

　　　　　보섭일체무량제법　　　실능오입　　　무장애
　　　　普攝一切無量諸法이니 悉能悟入하야 無障礙

고　　보섭일체제보살중　　구경개여동선근고
故며 普攝一切諸菩薩衆이니 究竟皆與同善根故며

보섭일체제보살행　　　이본원력　　　개원만고
普攝一切諸菩薩行이니 以本願力으로 皆圓滿故며

보섭일체보살법명　　　요달제법　　　개무애고
普攝一切菩薩法明이니 了達諸法하야 皆無礙故며

　"일체 한량없는 법을 포섭하나니 다 능히 깨달아서
장애가 없는 연고며, 일체 보살 대중을 포섭하나니 구
경에 선근이 같은 연고며, 일체 보살의 행行을 포섭하나
니 본래의 원력이 다 원만한 연고며, 일체 보살의 법의
밝음을 포섭하나니 모든 법을 통달하여 걸림이 없는 연
고이니라."

　무아無我의 이치가 모든 법을 다 포섭하듯이 보살이 닦은
선근도 역시 일체 한량없는 법과 일체 보살 대중과 일체 보

살의 행과 일체 보살의 법의 밝음까지 다 포섭한다.

보섭제불대신통력　　성취무량제선근고
普攝諸佛大神通力이니 成就無量諸善根故며

보섭제불역무소외　　발무량심　　만일체고
普攝諸佛力無所畏니 發無量心하야 滿一切故며

보섭보살삼매변재다라니문　　선능조료무이
普攝菩薩三昧辯才陀羅尼門이니 善能照了無二

법고　　보섭제불선교방편　　시현여래대신력
法故며 普攝諸佛善巧方便이니 示現如來大神力

고
故며

"모든 부처님들의 큰 신통력을 포섭하나니 한량없는
선근을 성취하는 연고며, 모든 부처님들의 힘과 두려움
없음을 포섭하나니 한량없는 마음을 내어 온갖 것에 가
득한 연고며, 보살들의 삼매와 변재와 다라니문을 포섭
하나니 둘이 없는 법을 잘 비추어 아는 연고며, 모든 부
처님들의 공교한 방편을 포섭하나니 여래의 큰 신력을
나타내는 연고이니라."

무아의 이치가 일체 제법을 다 포섭하듯이 보살이 닦는 선근도 모든 부처님의 신통력과 힘과 두려움 없음과 삼매와 변재와 다라니와 선교 방편 등이 모두 이 보살의 선근에서 비롯되므로 이 일체를 다 포섭한다.

보섭삼세일체제불　　강생성도　　전정법륜
普攝三世一切諸佛이　降生成道하사　轉正法輪

　조복중생　　입반열반　　공경공양　　실
하사　調伏衆生하시고　入般涅槃이니　恭敬供養하야　悉

주변고　　보섭시방일체세계　　엄정불찰　　함
周徧故며　普攝十方一切世界니　嚴淨佛刹하야　咸

구경고　　보섭일체제광대겁　　어중출현　　수
究竟故며　普攝一切諸廣大劫이니　於中出現하야　修

보살행　　무단절고
菩薩行하야　無斷絶故니라

"삼세의 일체 부처님이 탄생하시고 성도하시고 법의 수레를 굴리시고 중생을 조복하시고 열반에 들고 하심을 포섭하나니 공경하고 공양함을 두루 하는 연고며, 시방의 일체 세계를 포섭하나니 부처님 세계를 끝까지 청

정하게 장엄하는 연고며, 일체 모든 광대한 대겁大劫을
포섭하나니 그 가운데 출현하여 보살행을 닦아서 끊어
지지 않게 하는 연고이니라."

무아의 이치가 모든 법을 다 포섭하듯이 보살의 선근 공
덕은 과거 현재 미래의 모든 부처님이 탄생하시고 성도하시
고 법의 수레를 굴리시고 중생을 조복하시고 열반에 들고 하
심을 다 포섭한다. 그 모든 불사가 보살의 선근에서 비롯하
였기 때문이다. 일체 세계와 일체 모든 광대한 겁까지 다 포
섭한다. 보살의 선근을 닦는 행은 영원히 단절되지 않기 때
문이다.

(8) 일체 중생계를 다 포섭하다

보 섭 일 체 소 유 취 생   실 어 기 중   현 수 생 고
普攝一切所有趣生이니 **悉於其中**에 **現受生故**며

보 섭 일 체 제 중 생 계   구 족 보 현 보 살 행 고   보
普攝一切諸衆生界니 **具足普賢菩薩行故**며 **普**

섭 일 체 제 혹 습 기　　실 이 방 편　　　영 청 정 고　　보
攝一切諸惑習氣니 悉以方便으로 令淸淨故며 普

섭 일 체 중 생 제 근　　무 량 차 별　　함 요 지 고
攝一切衆生諸根이니 無量差別을 咸了知故며

"일체의 갈래에서 태어나는 일을 포섭하나니 그 가운
데 일부러 태어나는 연고며, 일체 중생계를 포섭하나니
보현보살의 행을 구족하는 연고며, 일체 모든 미혹과
습기를 포섭하나니 방편으로 모두 청정하게 하는 연고
며, 일체 중생의 모든 근성을 포섭하나니 한량없이 차
별함을 다 아는 연고이니라."

보살이 닦은 선근은 일체 중생들의 여러 갈래를 다 포섭
한다. 그들을 제도하기 위해서 그곳에서 태어나기 때문이
다. 일체 중생계를 다 포섭한다. 보현보살의 행으로 그들을
다 교화하기 때문이다. 일체 미혹과 습기를 다 포섭한다. 모
든 미혹과 습기를 다 청정하게 하기 때문이다. 일체 중생의
모든 근성을 다 포섭한다. 그들의 한량없는 차별을 다 알기
때문이다.

보 섭 일 체 중 생 해 욕　　영 리 잡 염　　득 청 정
普攝一切衆生解欲이니 令離雜染하야 得淸淨

고　보 섭 일 체 화 중 생 행　　수 기 소 응　　위 현 신
故며 普攝一切化衆生行이니 隨其所應하야 爲現身

고　　보 섭 일 체 응 중 생 도　　실 입 일 체 중 생 계 고
故며 普攝一切應衆生道니 悉入一切衆生界故며

보 섭 일 체 여 래 지 성　　호 지 일 체 제 불 교 고
普攝一切如來智性이니 護持一切諸佛教故니라

"일체 중생의 이해와 욕망을 포섭하나니 잡란하고 물
드는 것을 여의고 청정하게 하는 연고며, 중생을 교화
하는 일체의 행을 포섭하나니 그에게 마땅한 대로 몸을
나타내는 연고며, 중생에게 맞추는 일체의 도道를 포섭
하나니 일체 중생계에 들어가는 연고며, 일체 여래의
지혜 성품을 포섭하나니 일체 모든 부처님의 교법을 보
호하여 지니는 연고이니라."

이와 같이 보살이 닦은 선근 공덕은 일체 중생의 모든 분
야와 모든 세계를 다 포섭한다. 보살이 선근을 닦는 것은
모두 중생을 교화하고 성숙하고 제도하기 위함이기 때문이
다.

(9) 상을 떠난 회향을 밝히다

불자 보살마하살 이제선근 여시회향
佛子야 **菩薩摩訶薩**이 **以諸善根**으로 **如是廻向**

시 용무소득 이위방편 불어업중 분별
時에 **用無所得**하야 **而爲方便**하야 **不於業中**에 **分別**

보 불어보중 분별업
報하고 **不於報中**에 **分別業**하나라

"불자들이여, 보살마하살이 모든 선근으로 이와 같이
회향할 때에 얻을 것 없는 것으로 방편을 삼나니, 업 가
운데서 과보를 분별하지 않고, 과보 가운데서 업을 분
별하지 않느니라."

상을 떠난 회향이란 모든 선근을 회향하되 대가를 바라지
않으며 과보를 바라지 않는 것이다. 그래서 얻을 것 없는 것
[無所得]으로 방편을 삼는다. 얻을 것 없는 것이란 불교의 근본
취지[宗旨]다. 반야심경에서도 "얻을 것 없는 것으로 보살은
반야바라밀다를 의지하여 마음에 걸림이 없게 되고 걸림이
없으므로 두려움이 없게 되어 뒤바뀐 망상을 여의고 마침내
열반을 이루며, 삼세의 모든 부처님도 반야바라밀다를 의지

하기 때문에 위없이 높고 깊고 바른 깨달음을 이루느니라."
라고 하였다. 경문에서 "업 가운데 과보를 분별하지 않고 과
보 가운데 업을 분별하지 않는다."고 한 것이 그것이다.

수 무 분 별　　　이 보 입 법 계　　　수 무 소 작　　　이
雖無分別이나 **而普入法界**하며 **雖無所作**이나 **而**

항 주 선 근　　　수 무 소 기　　이 근 수 승 법
恒住善根하며 **雖無所起**나 **而勤修勝法**하니라

"비록 분별함이 없으나 법계에 두루 들어가고, 비록
짓는 일이 없으나 항상 선근善根에 머물고, 비록 일으킴
이 없으나 수승한 법을 부지런히 닦느니라."

업과 과보를 분별하지 않으면서 법계에 두루 들어가고,
지음이 없으면서 항상 선근에 머무르고, 일으킴이 없으면서
수승한 법을 부지런히 닦는 것, 이것이 상을 떠난 회향이다.

불 신 제 법　　　이 능 심 입　　　불 유 어 법　　　이 실
不信諸法호대 **而能深入**하며 **不有於法**호대 **而悉**

지견   약작부작   개불가득   지제법성
知見하며 若作不作을 皆不可得하며 知諸法性이나

항부자재   수실견제법   이무소견   보지
恒不自在하며 雖悉見諸法이나 而無所見하며 普知

일체   이무소지
一切호대 而無所知하나니라

　"모든 법을 믿지는 않으나 깊이 들어가고, 법을 있다
고는 하지 않으나 모두 알고 보며, 짓거나 짓지 않거나
다 얻을 수 없고, 모든 법의 성품을 아나 항상 자재하지
아니하며, 비록 모든 법을 보지마는 보는 바가 없고, 온
갖 것을 다 알지마는 아는 바가 없느니라."

　또 상을 떠난 회향으로서 모든 법을 믿지는 않으나 깊이
들어간다는 것은, 모든 법을 믿지 않으면 그 법에 들어가지
않아야 하지만 그 법에 들어가서 법과 하나가 된다는 것이
다. 일체가 이와 같은 이치다. 또 법을 있다고 하지 않으나,
즉 법을 부정하나 그 법을 다 안다. 모든 법을 다 알면 자재
해야 하나 자재하지 않는다. 모든 법을 보지만 보는 바가
없다. 일체를 알되 아는 바가 없다. 즉 보는 바 없이 보고 아

는 바 없이 안다.

(10) 일체 법을 다 안다

菩薩이 如是了達境界하야 知一切法이 因緣爲

本하며 見於一切諸佛法身하며 至一切法離染實

際하며 解了世間이 皆如變化하며 明達衆生이 唯是

一法이라 無有二性하며

"보살이 이와 같이 경계를 분명히 알아 일체 법에는 인연이 근본이 되는 줄을 알며, 일체 모든 부처님의 법신을 보아 일체 법이 물듦을 떠난 실제에 이르고, 이 세간이 다 변화함과 같음을 알며, 모든 중생이 오직 한 가지 법이요 두 성품이 없는 줄을 분명하게 통달하느니라."

일체 법에는 인연이 근본이 되는 줄을 안다는 것은 연기, 인연, 인과, 과보의 이치를 바탕으로 제불의 법신도 보고 일

체 법의 물듦을 떠난 실제[진리]에도 이른다는 말이다. 마승馬
勝비구가 사리불을 처음 교화할 때도 "모든 법은 인연으로
생기고 모든 법은 인연으로 소멸한다. 우리 부처님 큰 사문
께서는 항상 이와 같이 설하신다."[5]라고 설하여 불교의 근
본 교의를 가르쳤다.

또한 불교는 일체 존재의 존재 법칙을 한마디로 설명할
때 "이것이 있으므로 저것이 있고, 이것이 없으므로 저것이
없으며, 이것이 일어나므로 저것이 일어나고, 이것이 사라지
므로 저것이 사라진다."[6]는 가르침을 철칙으로 여긴다. 우
주 삼라만상과 일체 존재의 존재 원리를 이와 같이 인연으로
근본을 삼음으로 부처님과 부처님이 깨달으신 법까지도 인
연의 법칙에서 자유롭지 못하다.

불 사 업 경　　선 교 방 편　　어 유 위 계　　시 무 위
不捨業境의 善巧方便하며 於有爲界에 示無爲

---

5) 諸法從緣生 諸法從緣滅 我佛大沙門 常作如是說.
6) 此有故彼有 此無故彼無 此起故彼起 此滅故彼滅.

法호대 而不滅壞有爲之相하며 於無爲界에 示有爲
法호대 而不分別無爲之性이니라

"업과 경계의 공교한 방편을 버리지 아니하며, 유위 有爲의 경계에서 무위無爲의 법을 보이되 유위有爲의 모양을 파괴하지 아니하고, 무위無爲의 경계에서 유위의 법을 보이면서도 무위의 성품을 분별하지 아니하느니라."

상을 떠난 회향이 일체 법을 다 아는 데 이르러 "유위有爲의 경계에서 무위無爲의 법을 보이되 유위有爲의 모양을 파괴하지 아니하고, 무위無爲의 경계에서 유위의 법을 보이면서도 무위의 성품을 분별하지 아니한다."라고 결론하였다.

(11) 보살이 아는 법을 중생에게 회향하다

菩薩이 如是觀一切法이 畢竟寂滅하야 成就一

체 청 정 선 근　　이 기 구 호 중 생 지 심　　지 혜 명
切淸淨善根하야 而起救護衆生之心하며 智慧明

달 일 체 법 해　　상 락 수 행 이 우 치 법　　이 구 성
達一切法海하야 常樂修行離愚癡法하며 已具成

취 출 세 공 덕　　불 갱 수 학 세 간 지 법　　득 정 지
就出世功德하야 不更修學世間之法하며 得淨智

안　　이 제 치 예　　이 선 방 편　　수 회 향 도
眼하야 離諸癡翳하야 以善方便으로 修廻向道니라

　　"보살이 이와 같이 일체 법이 필경에 적멸한 줄을 관
찰하여 일체 청정한 선근을 성취하여 중생을 구호하려
는 마음을 내느니라. 지혜가 일체 법의 바다를 통달하
여 어리석음을 여의는 법을 항상 즐겁게 수행하느니라.
세간을 뛰어나는 공덕을 이미 구족하게 성취하여 다시
세간법을 배우지 아니하며, 깨끗한 지혜의 눈을 얻어
모든 어리석은 눈병을 떠나고 좋은 방편으로 회향하는
도를 닦느니라."

　　"일체 법이 필경에 적멸한 줄을 관찰한다."는 것은 법화
경에 "모든 법은 본래부터 항상 스스로 적멸한 모습이다. 불

자가 도를 행하여 마치면 내세에 부처를 지으리라." [7] 라고 하였다. 일체 법이 끝내는 적멸뿐이다. 본래로 적멸에서 출발하여 온갖 유위의 현상들을 보이다가 끝내는 적멸로 돌아가고 마는 것이다. 그래서 사람은 생로병사生老病死하고, 일체 생명은 생주이멸生住異滅하며, 이 우주는 성주괴공成住壞空하는 것이다. 그러므로 "필경에 적멸한 줄을 관찰하여 일체 청정한 선근을 성취하여 중생을 구호하려는 마음을 낸다."라고 하였다.

또 "세간을 뛰어나는 공덕을 이미 구족하게 성취하여 다시 세간법을 배우지 아니한다."라고 하였는데 세간을 뛰어나는 공덕과 세간법은 차원이 다르다. 이미 세간을 뛰어났는데 다시 세간법을 배우겠는가. 유치원 과정을 마치고 초등학생, 중학생이 되었는데 다시 유치원 과정을 배우려 하겠는가. 모든 세간법에 허덕이는 사람들은 아직도 세간을 뛰어나는 공덕을 성취하지 못하였기 때문이다.

---

7) 諸法從本來 常自寂滅相 佛子行道已 來世得作佛.

(12) 선근을 회향한 이익을 밝히다

불자 보살마하살 이제선근 여시회향
佛子야 菩薩摩訶薩이 以諸善根으로 如是廻向

칭가일체제불지심 엄정일체제불국토
하야 稱可一切諸佛之心하며 嚴淨一切諸佛國土하며

교화성취일체중생 구족수지일체불법
教化成就一切衆生하며 具足受持一切佛法하야

작일체중생 최상복전 위일체상인 지혜
作一切衆生의 最上福田하며 爲一切商人의 智慧

도사 작일체세간 청정일륜 일일선근
導師하며 作一切世間의 清淨日輪하야 一一善根이

충만법계 실능구호일체중생 개령청정
充滿法界하며 悉能救護一切衆生하야 皆令清淨

구족일체공덕
具足一切功德이니라

"불자들이여, 보살마하살이 모든 선근으로 이와 같이
회향하면 모든 부처님의 마음에 잘 맞으며, 모든 부처
님의 국토를 청정하게 장엄하며, 일체 중생을 교화하여
성취하며, 일체 부처님 법을 구족하게 받아 지니며, 일
체 중생의 가장 높은 복전이 되며, 모든 장사꾼의 지혜

로운 안내자가 되며, 일체 세간의 청정한 태양이 되며, 낱낱 선근이 법계에 가득하며, 일체 중생을 다 구호하여 모두 청정한 일체 공덕을 구족하게 하느니라."

보살이 선근을 회향한 이익을 널리 밝혔다. 첫째, 선근 회향은 일체 부처님의 마음에 잘 맞는다. 세상을 청정하게 장엄한다. 일체 중생을 교화한다. 일체 불법을 구족하게 받아지닌다. 또 일체 중생들의 가장 높은 복전이 된다. 선근 회향은 이와 같은 이익이 있다.

불자 보살마하살 여시회향시 능호지
佛子야 菩薩摩訶薩이 如是廻向時에 能護持

일체불종 능성숙일체중생 능엄정일체
一切佛種하며 能成熟一切衆生하며 能嚴淨一切

국토 능불괴일체제업 능요지일체제법
國土하며 能不壞一切諸業하며 能了知一切諸法하며

능등관제법무이 능변왕시방세계 능요
能等觀諸法無二하며 能徧往十方世界하며 能了

달이욕실제   능성취청정신해   능구족명
達離欲實際하며 能成就淸淨信解하며 能具足明

리제근   불자 시위보살마하살 제사지일
利諸根하나니 佛子야 是爲菩薩摩訶薩의 第四至一

체처회향
切處廻向이니라

"불자들이여, 보살마하살이 이와 같이 회향할 때에
모든 부처님 종자를 능히 보호하여 지니며, 일체 중생
을 능히 성숙시키며, 모든 국토를 능히 청정하게 장엄
하며, 일체 모든 업을 파괴하지 아니하며, 모든 법을 잘
알며, 모든 법이 둘이 없음을 평등하게 관찰하며, 시방
세계에 두루 다니며, 탐욕을 여읜 실제를 잘 통달하며,
청정한 믿음과 이해를 잘 성취하며, 밝고 민첩한 모든
근根을 능히 구족하느니라. 불자들이여. 이것이 보살마
하살의 제4 지일체처회향至一切處廻向이니라."

보살이 선근을 닦아 회향하는 이익 중에 부처님 종자를
능히 보호하여 지녀서 영원히 불법이 끊어지지 않게 하는 것
이 큰 이익이다. 그래서 오래오래 일체 중생들을 성숙시키고

교화하며 일체 국토를 청정하게 장엄하여 살기 좋은 세상이 되게 하는 것이다. 이것은 곧 부처님 본래의 서원이기도 하다. 그 외에도 선근을 회향하는 수많은 이익을 이중 삼중으로 반복하여 밝혔다. 이것이 보살의 제4 지일체처회향至一切處廻向이다.

(13) 제4 회향의 과위를 밝히다

菩薩摩訶薩이 住此廻向時에 得至一切處身
業하나니 普能應現一切世界故며 得至一切處語
業하나니 於一切世界中에 演說法故며 得至一切處
意業하나니 受持一切佛所說法故며

"보살마하살이 이 회향에 머물렀을 적에, 온갖 곳에 이르는 몸의 업을 얻나니 일체 세계에 두루 응하여 나타나는 연고며, 온갖 곳에 이르는 말의 업을 얻나니 일

체 세계에서 법을 연설하는 연고며, 온갖 곳에 이르는 뜻의 업을 얻나니 모든 부처님이 말씀하신 법을 받아 지니는 연고이니라."

제4 회향은 지일체처회향이다. 즉 일체 처에 이른다는 뜻이다. 이 회향에 머물 때 먼저 몸의 업과 말의 업과 뜻의 업이 일체 처에 이른다. 일체 처에 이르러 일체 세계에 나타나며, 일체 세계에 법을 설하며, 일체 부처님이 설하신 법을 다 받아 가진다.

得至一切處神足通하나니 隨衆生心하야 悉往應

故며 得至一切處隨證智하나니 普能了達一切法

故며 得至一切處總持辯才하나니 隨衆生心하야 令

歡喜故며 得至一切處入法界하나니 於一毛孔中에

보 입 일 체 세 계 고
普入一切世界故며

"온갖 곳에 이르는 신족통神足通을 얻나니 중생들의 마음을 따라가서 응하는 연고며, 온갖 곳에 이르는 따라 증득하는 지혜[隨證智]를 얻나니 일체 법을 두루 통달한 연고며, 온갖 곳에 이르는 총지總持와 변재를 얻나니 중생들의 마음을 따라 환희케 하는 연고며, 온갖 곳에 이르는 법계에 들어감[入法界]을 얻나니 한 모공毛孔에 일체 세계를 두루 넣는 연고이니라."

다음은 신족통神足通을 얻고, 따라 증득하는 지혜[隨證智]를 얻고, 총지總持와 변재를 얻고, 법계에 들어감[入法界]을 얻는다.

득 지 일 체 처 변 입 신   어 일 중 생 신   보 입
得至一切處徧入身하나니 於一衆生身에 普入

일 체 중 생 신 고   득 지 일 체 처 보 견 겁   일 일
一切衆生身故며 得至一切處普見劫하나니 一一

겁 중   상 견 일 체 제 여 래 고   득 지 일 체 처 보 견
劫中에 常見一切諸如來故며 得至一切處普見

대방광불화엄경 강설

념   일 일 념 중   일 체 제 불   실 현 전 고   불 자
念하나니 一一念中에 一切諸佛이 悉現前故라 佛子야

보 살 마 하 살   득 지 일 체 처 회 향   능 이 선 근
菩薩摩訶薩이 得至一切處廻向에 能以善根으로

여 시 회 향
如是廻向이니라

　"온갖 곳에 이르는 두루 들어가는 몸[徧入身]을 얻나니
한 중생의 몸에 모든 중생의 몸을 두루 넣는 연고며, 온
갖 곳에 이르는 널리 보는 겁을 얻나니 낱낱 겁에서 모
든 여래를 항상 보는 연고며, 온갖 곳에 이르는 널리 보
는 생각을 얻나니 낱낱 생각 가운데 모든 부처님이 앞
에 다 나타나는 연고이니라. 불자들이여, 보살마하살이
일체 처에 이르는 회향을 얻으면 선근으로써 이와 같이
회향하느니라."

　또 다음은 두루 들어가는 몸[徧入身]을 얻고, 널리 보는 겁
을 얻고, 널리 보는 생각을 얻는다. 이것이 보살마하살이 일
체 처에 이르는 제4 회향의 과위다. 제4 회향의 장문을 설하
여 마치고 게송으로 다시 설한다.

(14) 금강당보살이 게송을 설하다

이 시   금 강 당 보 살   승 불 위 력   보 관 시 방
爾時에 金剛幢菩薩이 承佛威力하사 普觀十方

이 설 송 언
하고 而說頌言하사대

그때에 금강당보살이 부처님의 위신력을 받들어 시
방을 관찰하고 게송으로 말하였습니다.

1〉중생과 보리에 회향하다

내 외 일 체 제 세 간   보 살 실 개 무 소 착
內外一切諸世間에   菩薩悉皆無所着하고

불 사 요 익 중 생 업   대 사 수 행 여 시 지
不捨饒益衆生業하나니 大士修行如是智로다

안이나 밖이거나 일체 모든 세간에

보살은 아무 데고 집착이 없고

중생을 이익하게 하는 업을 버리지 않아

보살이 이런 지혜 닦아 행하도다.

보살이 일체 처에 이르러 중생에게 회향하는 내용이다.

세간이나 출세간이나 보살은 중생을 위해서 어디에 이르든 집착이 없고 다만 중생들을 이익하게 하려는 마음뿐이다. 이것이 보살이 닦는 지혜다.

시 방 소 유 제 국 토　　　일 체 무 의 무 소 주
十方所有諸國土에　　**一切無依無所住**하야

불 취 활 명 등 중 법　　　역 불 망 기 제 분 별
不取活命等衆法하며　**亦不妄起諸分別**하고

시방에 널려 있는 모든 국토에
의지한 데도 없고 머물지도 않으며
살아가는 여러 법 취하지 않고
또한 여러 가지 분별을 내지 않도다.

보살은 일체 처에 이르러도 의지함이 없으며 머무는 바도 없이 스스로 세상을 살아가기 위한 온갖 방법들을 취하지 않는다. 또한 온갖 분별도 망령되게 일으키지 않는다. 오로지 중생과 깨달음을 위한 선근 회향뿐이다.

보 섭 시 방 세 계 중
普攝十方世界中에

일 체 중 생 무 유 여
一切衆生無有餘호대

관 기 체 성 무 소 유
觀其體性無所有하야

지 일 체 처 선 회 향
至一切處善廻向이로다

시방의 모든 세계 일체 중생을

모두 다 거두어서 남기지 않고

그 체성 없는 줄을 자세히 보아

일체 처에 이르도록 잘 회향하도다.

시방의 모든 세계에 있는 많고 많은 중생들을 남김없이
다 거두어 그 체성의 실제를 자세히 관찰해 보니 있는 바가
없었다. 지혜로 관찰해 보면 변하지 않는 고정된 실체가 없
다는 뜻이다. 그러므로 일체 처에 이르는 회향이다. 이것은
깨달음에 회향하는 것이다.

보 섭 유 위 무 위 법
普攝有爲無爲法호대

불 어 기 중 기 망 념
不於其中起妄念하고

어 어 세 간 법 역 연
如於世間法亦然하니

조 세 등 명 여 시 각
照世燈明如是覺이로다

유위법과 무위법 모두 거두어

그 가운데 헛된 생각 내지 않으며

세간법에 대해서도 또한 그러해

세상을 비추는 등불이 이와 같이 깨달았도다.

인연으로 생겨서 생멸하고 변화하는 물심物心의 현상을
유위법이라 하고, 생멸生滅의 변화가 없이 언제나 변하지 않
는 참된 법을 무위법이라 한다. 이 모든 법에 헛된 생각 내지
않으며 세간의 법에도 또한 허망한 생각을 내지 않는다. 이
것은 깨달음의 지혜로 세상을 환하게 비추는 등불이신 부처
님의 깨달음이다.

보 살 소 수 제 업 행   상 중 하 품 각 차 별
菩薩所修諸業行이   上中下品各差別하니

실 이 선 근 회 향 피   시 방 일 체 제 여 래
悉以善根廻向彼   十方一切諸如來로다

보살이 닦으시는 모든 업業과 행行

상품과 중품과 하품이 각각 차별하지만

모두 다 시방세계 모든 여래께

한결같이 선근으로 회향하도다.

　보살들이 닦은 선근도 상품과 중품과 하품으로 각각 차별
하다. 하물며 중생들이 복을 짓고 선근을 닦는 일이야 천차만
별이다. 그러나 어떤 선근 공덕이든 모든 선근을 시방의 일체
여래에게 남김없이 다 회향한다. 자신이 닦은 선근 공덕이 아
무리 하찮더라도 부처님께 회향하고 깨달음에 회향하고 진리
에 회향하고 중생에게 회향하는 것이 보살의 회향이다.

보 살 회 향 도 피 안　　　　　수 여 래 학 실 성 취
菩薩廻向到彼岸호대　　**隨如來學悉成就**라

항 이 묘 지 선 사 유　　　　구 족 인 중 최 승 법
恒以妙智善思惟하야　　**具足人中最勝法**이로다

보살이 회향하여 저 언덕 가서

여래를 따라 배워 다 성취하고

항상 미묘한 지혜로써 잘 생각하여

인간에서 가장 수승한 법을 구족하도다.

대방광불화엄경 강설

보살이 회향하여 저 언덕에 이른 곳이란 곧 여래가 이른 여래의 경지다. 여래를 따라 배워 성취하는 경지다. 세상에서 가장 수승한 출세간의 법을 구족하려면 미묘한 지혜로 사유하는 것이다.

청 정 선 근 보 회 향
清淨善根普廻向하야

이 익 군 미 항 불 사
利益群迷恒不捨하야

실 령 일 체 제 중 생
悉令一切諸衆生으로

득 성 무 상 조 세 등
得成無上照世燈이로다

청정한 선근으로 널리 회향해
모든 중생을 이익하려 늘 버리지 않고
일체 중생들로 하여금
가장 높은 세상 비추는 등불을 이루게 하도다.

보살이 훌륭한 선근으로 널리 회향하여 모든 중생을 이익하게 하는 것은 일체 중생들을 모두 가장 높은 분, 어두운 세상을 밝게 비추는 등불과 같은 분, 즉 부처님이 되게 하는데 있다.

2〉 실제實際에 회향하다

미 증 분 별 취 중 생
未曾分別取衆生하며

역 불 망 상 염 제 법
亦不妄想念諸法하니

수 어 세 간 무 염 착
雖於世間無染着이나

역 부 불 사 제 함 식
亦復不捨諸含識이로다

중생들을 분별하여 취하지 않고

또한 모든 법을 망상으로 생각지 않으며

비록 세간에 있으나 물들지 않고

또한 다시 모든 중생들을 버리지 않도다.

실제實際란 진리다. 보살이 선근을 닦아 중생에게 회향하고, 진리에 회향하고, 깨달음에 회향하여 삼처三處에 회향한다고 한다. 중생들을 분별하거나 차별하지 않고 모든 법을 망상으로 생각하지 않고 비록 세간에 있으나 물들지 않는것, 그것은 곧 평등한 진리의 자리에서 보기 때문이다. 이와같이 진리에 회향하면서 또한 중생을 버리지도 않는다.

보살 상락 적멸법　　　　수순 득 지 열 반 경
菩薩常樂寂滅法하야　　**隨順得至涅槃境**이나

역 불 사 리 중 생 도　　　　획 여 시 등 미 묘 지
亦不捨離衆生道하고　　**獲如是等微妙智**로다

보살이 적멸한 법을 늘 즐기고

수순하여 열반의 경계에 가기도 하나

또한 중생의 도道를 버리지 않고

이와 같이 묘한 지혜를 얻어 지니도다.

모든 법은 본래로 적멸한 것이다. 적멸한 이치를 깨달아
아는 보살은 그 적멸한 법을 늘 즐긴다. 적멸한 법을 수순하
여 열반의 경계에 나아가지만 또한 한편으로는 중생을 교화
하고 조복하는 일도 버리지 않는다. 늘 적멸의 경지에서 중생
교화를 버리지 않는 것, 이것이 미묘한 깨달음의 지혜다.

보살 미 증 분 별 업　　　　역 불 취 착 제 과 보
菩薩未曾分別業하며　　**亦不取着諸果報**하나니

일 체 세 간 종 연 생　　　　불 리 인 연 견 제 법
一切世間從緣生이라　　**不離因緣見諸法**이로다

보살이 모든 업을 분별하지 않으며

또한 모든 과보果報에도 집착하지 않나니

모든 세간 인연으로 나는 것이라

인연을 떠나지 않고 모든 법을 보도다.

불교가 일체 존재를 보는 견해는 인연과 연기를 바탕으로 한다. 그러므로 보살은 업을 분별하지도 않고 업의 과보에 집착하지도 않는다. 일체가 인연을 바탕으로 생성되고 소멸한다는 이치를 깨달아 알기 때문이다. 세상사의 일체 흥망성쇠가 모두 인연으로 돌아가고 있음을 알면 성공과 실패에 애착하지 않는다.

심 입 여 시 제 경 계 　　 불 어 기 중 기 분 별

深入如是諸境界호대 　**不於其中起分別**하나니

이와 같은 깊은 경계 들어갔으나

그 가운데 분별을 내지 않도다.

이와 같은 경계란 제법이 인연으로 이뤄지고 머물고 무너

진다는 이치다. 보살은 이와 같은 경계에 깊이 들어가서 결코 집착하거나 분별하거나 차별하지 않는다. 그러므로 성공과 실패에 대한 희로애락도 한순간일 뿐이다.

3〉 이익을 말하다

일 체 중 생 조 어 사 　　　어 차 명 료 선 회 향
一切衆生調御師가　　　**於此明了善廻向**이로다

일체 중생들을 다스리는 이가
이것을 환히 알고 잘 회향하도다.

일체 중생을 잘 다스리는 여래께서는 모든 법이 이와 같은 인연과 연기와 무아와 공의 이치에서 벗어나지 않음을 명료하게 깨달아 안다. 여기까지 제4 모든 곳에 이른다는 지일체처회향至一切處廻向을 설하여 마쳤다.

십회향품 2 끝

〈제24권 끝〉

華嚴經 構成表

分次	周次		內容	品數	會次
擧果勸樂生信分 (信)	所信因果周		如來依正	世主妙嚴品 第一 如來現相品 第二 普賢三昧品 第三 世界成就品 第四 華藏世界品 第五 毘盧遮那品 第六	初會
修因契果生解分 (解)	差別因果周	差別因	十信	如來名號品 第七 四聖諦品 第八 光明覺品 第九 菩薩問明品 第十 淨行品 第十一 賢首品 第十二	二會
			十住	昇須彌山頂品 第十三 須彌頂上偈讚品 第十四 十住品 第十五 梵行品 第十六 初發心功德品 第十七 明法品 第十八	三會
			十行	昇夜摩天宮品 第十九 夜摩天宮偈讚品 第二十 十行品 第二十一 十無盡藏品 第二十二	四會
			十廻向	昇兜率天宮品 第二十三 兜率宮中偈讚品 第二十四 十廻向品 第二十五	五會
			十地	十地品 第二十六	六會
			等覺	十定品 第二十七 十通品 第二十八 十忍品 第二十九 阿僧祇品 第三十 如來壽量品 第三十一 菩薩住處品 第三十二	七會
		差別果	妙覺	佛不思議法品 第三十三 如來十身相海品 第三十四 如來隨好光明功德品 第三十五	
	平等因果周	平等因		普賢行品 第三十六	
		平等果		如來出現品 第三十七	
托法進修成行分 (行)	成行因果周		二千行門	離世間品 第三十八	八會
依人證入成德分 (證)	證入因果周		證果法門	入法界品 第三十九	九會

會場	放光別	會主	入定別	說法別舉
菩提場	遮那放齒光眉間光	普賢菩薩為會主	入毘盧藏身三昧	如來依正法
普光明殿	世尊放兩足輪光	文殊菩薩為會主	此會不入定．信未入位故	十信法
忉利天宮	世尊放兩足指光	法慧菩薩為會主	入無量方便三昧	十住法門
夜摩天宮	如來放兩足趺光	功德林菩薩為會主	入菩薩善思惟三昧	十行法門
兜率天宮	如來放兩膝輪光	金剛幢菩薩為會主	入菩薩智光三昧	十廻向法門
他化天宮	如來放眉間毫相光	金剛藏菩薩為會主	入菩薩大智慧光明三昧	十地法門
再會普光明殿	如來放眉間口光	如來為會主	入剎那際三昧	等妙覺法門
三會普光明殿	此會佛不放光．表行依解法依解光故	普賢菩薩為會主	入佛華莊嚴三昧	二千行門
祇陀園林	放眉間白毫光	如來善友為會主	入獅子頻申三昧	果法門

如天 無比

1943년 영덕에서 출생하였다. 1958년 출가하여 덕흥사, 불국사, 범어사를 거쳐 1964년 해인사 강원을 졸업하고 동국역경연수원에서 수학하였다. 10여 년 선원생활을 하고 1976년 탄허 스님에게 화엄경을 수학하고 전법, 이후 통도사 강주, 범어사 강주, 은해사 승가대학원장, 대한불교조계종 교육원장, 동국역경원장, 동화사 한문불전승가대학원장 등을 역임하였다.

2018년 5월에는 수행력과 지도력을 갖춘 승랍 40년 이상 되는 스님에게 품서되는 대종사 법계를 받았다. 현재 부산 문수선원 문수경전연구회에서 150여 명의 스님과 300여 명의 재가 신도들에게 화엄경을 강의하고 있다. 또한 다음 카페 '염화실'(http://cafe.daum.net/yumhwasil)을 통해 '모든 사람을 부처님으로 받들어 섬김으로써 이 땅에 평화와 행복을 가져오게 한다.'는 인불사상人佛思想을 펼치고 있다.

저서로 『무비 스님의 유마경 강설』(전 3권), 『대방광불화엄경 실마리』, 『무비 스님의 왕복서 강설』, 『무비 스님이 풀어 쓴 김시습의 법성게 선해』, 『법화경 법문』, 『신금강경 강의』, 『직지 강설』(전 2권), 『법화경 강의』(전 2권), 『신심명 강의』, 『임제록 강설』, 『대승찬 강설』, 『당신은 부처님』, 『사람이 부처님이다』, 『이것이 간화선이다』, 『무비 스님과 함께하는 불교공부』, 『무비 스님의 증도가 강의』, 『일곱 번의 작별인사』, 무비 스님이 가려 뽑은 명구 100선 시리즈(전 4권) 등이 있고 편찬하고 번역한 책으로 『화엄경(한글)』(전 10권), 『화엄경(한문)』(전 4권), 『금강경 오가해』 등이 있다.

대방광불화엄경 강설 제24권

| 초판 1쇄 발행 2015년 6월 15일
| 초판 3쇄 발행 2024년 12월 24일

| 지은이_ 여천 무비(如天 無比)
| 펴낸이_ 오세룡
| 편집 박성화 손미숙 윤예지 여수령 정연주
| 기획 곽은영 최윤정
| 디자인 고혜정 김효선 최지혜
| 홍보 마케팅 정성진
| 펴낸곳_ 담앤북스
　　　　서울특별시 종로구 새문안로3길 23 경희궁의 아침 4단지 805호
　　　　대표전화 02)765-1250(편집부) 02)765-1251(영업부) 전자우편 dhamenbooks@naver.com
　　　　출판등록 제300-2011-115호
| ISBN　978-89-98946-56-2　04220

정가 14,000원

ⓒ 무비스님 2015